铁路专业汉语 2

主　编　商　拓
副主编　高　岚　任显楷
参　编　侯斌英　里　娜　刘　波

西南交通大学出版社
·成都·

图书在版编目（CIP）数据

铁路专业汉语. 2 / 商拓主编. —成都：西南交通大学出版社，2018.8

ISBN 978-7-5643-6309-3

Ⅰ. ①铁… Ⅱ. ①商… Ⅲ. ①铁路运输－汉语－中等专业学校－教材 Ⅳ. ①U298.3

中国版本图书馆 CIP 数据核字（2018）第 174292 号

铁路专业汉语 2

主编　商　拓

责任编辑	孟　媛
助理编辑	罗俊亮
封面设计	严春艳
出版发行	西南交通大学出版社 （四川省成都市二环路北一段 111 号 西南交通大学创新大厦 21 楼）
发行部电话	028-87600564　028-87600533
邮政编码	610031
网　址	http://www.xnjdcbs.com
印　刷	四川煤田地质制图印刷厂
成品尺寸	170 mm × 230 mm
印　张	6.75
字　数	92 千
版　次	2018 年 8 月第 1 版
印　次	2018 年 8 月第 1 次
书　号	ISBN 978-7-5643-6309-3
定　价	35.00 元

前 言
Preface

《铁路专业汉语 2》共有通信信号、牵引供变电、行车组织、站场、运量与经济调查、机械、车辆 7 个单元。

每个单元包括主课文 1 篇（约 500 字）、副课文 1 篇（约 500 字）、拓展阅读课文 2 篇。

副课文后附有练习题，练习题题型有 5 种，即根据拼音写词语、判断正误、根据课文内容填空（专业术语）、根据课文内容重组句子（以专业术语为主）、根据课文内容回答问题等。

拓展阅读课文第一篇约 700 字，全文标注拼音，对本课文的生词教材不加以注释，鼓励学习者课前查阅字典、词典预习。课后附有问答题，主要考察学习者对短文的理解程度；第二篇约 1 000 字，全文标注拼音，供任课教师和学习者灵活处理。每一个单元的“拓展阅读课文”是与本单元内容相关的汉语科普读物，以此形成系列，突出主题。

本教材是为在华攻读理工科学位的母语非汉语学习者编写的，目的是将预科阶段的汉语学习与日后的专业学习衔接起来，使其能够在预科阶段接触到专业词汇、专业语体及专业基础知识。本教材适用于汉语水平达到 HSK 三级，掌握了 600 个汉语基础词汇及以上的学习者使用。

本教材编写的原则是兼顾通用汉语和专业汉语的词汇、表达方式等特点，用浅显生动的汉语介绍专业基础知识。专业词汇量尽量控制在合理范围内，每篇课文生词控制在 15～20 个。

2017 年 6 月中旬，我们在学了 3 个月通用汉语的学生中试用了几个单元，学生称教材难度适中，对他们将来进入专业学习很有帮助。

出于教学需要，本教材的编写选用了部分专家、学者的文章，但由于时间仓促，部分文章未能与原作者取得联系，在此，我们致以诚挚的谢意！

由于编者水平有限，书中难免有疏漏不当之处，还请各位专家批评指正。如有建议与意见，欢迎与我们联系。

编　者

2018 年 3 月 26 日

目 录
Contents

第一单元　通信信号

课文一　城市轨道交通的通信系统

城市轨道交通的**通信系统**是一种**智能化**、自动化的数字通信系统，它可以保证列车和乘客安全，保证列车快速、**高效**地运行，是**指挥**列车运行、组织运输生产以及进行公务联络的重要手段。

城市轨道交通的通信系统包括无线通信系统、有线通信系统，以及时钟系统、办公自动化系统、**消防**无线系统、公安无线系统、集中监控系统和通信电源系统等。它们共同为城市轨道交通系统的列车运行、**调度**指挥、无线通信、公务通信、旅客信息广播、系统运行状况监视等提供支持。

城市轨道交通的无线通信系统主要包括**无线集群系统**和公众移动通信接入系统。无线集群通信系统的应用从 1970 年开始，是一种智能化的无线频率管理技术，主要用来管理生产和运行，处理突发事件。由于这种技术可以实现大量用户**共享**少量通信通道，所以它其实是一种**虚拟**专网技术。目前，在世界范围内已经推出了数字集群通信，性能也越来越完善。有线通信系统主要包括为城市轨道交通提供信息传递与交换服务的传输系统、提供通信服务的电话系统、提供监视服务的**闭路电视监控系统**（CCTV）、提供语言信息服务的广播系统、提供文字信息发布服务的**乘客导乘信息系统**（PIS）等。

生词

通信系统	tōngxìn xìtǒng	communication system
智能化	zhìnénghuà	intelligence
高效	gāoxiào	efficient
指挥	zhǐhuī	command
消防	xiāofáng	fire protection
调度	diàodù	dispatch
无线集群系统	wúxiàn jíqún xìtǒng	wireless cluster system
共享	gòngxiǎng	share
虚拟	xūnǐ	virtual
闭路电视监控系统	bìlù diànshì jiānkòng xìtǒng	Closed Circuit Television (CCTV) System
乘客导乘信息系统	chéngkè dǎochéng xìnxī xìtǒng	Passenger Information System(PIS)

语法点

越来越　　more and more

例：

越来越好/高/大

越来越完善

课文二　城市轨道交通信号设施

城市轨道交通信号系统是实现行车指挥、列车运行监控和管理所需要的技术设施和配套装备的**总称**。信号系统在保证行车安全、提高通过能力、节约能源、**改善**运输人员劳动条件等方面起着非常重要的作用。

城市轨道交通的信号基础设备主要**包括**:（1）信号机，包括进出站信号机、道岔防护信号机、通过信号机、进出段信号机、调车信号机等。（2）转撤**设备**，包括道岔转换和锁闭设备，是直接关系行车安全的关键设备。（3）轨道电路，是把铁路线路中的钢轨作为**导体**，检查有没有列车、传递列车占用信息以及其他信号信息的电路。（4）计轴设备，检查轨道**区段**空闲和列车完整性等情况。（5）信号显示制式，是表达信号显示意义的基本体系，一般分为进路式与速度式。

除了这 5 种设备，还有一些很重要的信号设施，包括:（1）区间**闭塞**，用来保证列车在区间安全有序地运行，主要包括人工闭塞、半自动闭塞、自动闭塞以及移动闭塞四种。（2）车站连锁，**连锁**设备是用来控制车站或车辆段的信号设备，实现连锁关系的信号系统，其功能主要包括建立进路、控制**道岔**的转换、控制信号机的开放以及**进路**解锁等。（3）列车运行控制，列车运行进路包括采用控制中心控制、远程控制**终端**控制和车站工作站控制三级控制。

生词

总称	zǒngchēng	generic terms
改善	gǎishàn	improve
包括	bāokuò	include
设备	shèbèi	equipment
导体	dǎotǐ	conductor
区段	qūduàn	zone
闭塞	bìsè	blocking
连锁	liánsuǒ	chain
道岔	dàochà	turnout
进路	jìnlù	admission passage
终端	zhōngduān	terminal

练习

一、根据拼音写词语。

jìshù shèshī ( )　　pèitào zhuāngbèi ( )　　xíngchē zhǐhuī ( )

yùnxíng jiānkòng ( )　　jīchǔ shèbèi ( )　　chuándì xìnxī ( )

réngōng bìsè ( )　　zhuǎnchē shèbèi ( )　　jìzhóu shèbèi ( )

dàochà fánghù ( )

二、根据课文判断正误。

1. 城市轨道交通信号系统可以保证列车的行车安全。(　　)

2. 轨道电路可以用来传递列车占用信息以及其他信号信息。(　　)

3. 移动闭塞无法保证列车在区间安全有序地运行。(　　)

4. 目前，高速铁路运行进路主要采用控制中心控制。(　　)

5. 用来控制车站或车辆段的信号设备是计轴设备。(　　)

6. 信号机是直接关系行车安全的关键设备。(　　)

7. 安装进出站信号机是实现车站连锁关系的信号系统的前提。(　　)

8. 信号显示制式一般分为进路式与速度式两种。(　　)

三、根据课文填空。

1. 实现行车指挥、列车运行监控和管理所需要的技术设施和配套装备总称为____________。

2. 在城市轨道交通信号基础设备中，主要用来保证列车在区间安全有序运行的信号设施是__________，可以分为____________种不同的类型。

3. 在城市轨道交通信号基础设备中，直接关系到列车行车安全的关键设备是________________。

4. 在城市轨道交通信号基础设备中，用来表达信号显示意义的基本体系被称为________________，一般分为_____________和____________两种类型。

四、语法练习。

1. 找出课文中带有“越来越”的句子。

2. 查词典或其他工具书，找出“越来越”的使用方法并造句。

五、将适当的词语连接在一起。

保证	能力	表达	道岔
提高	条件	检查	意义
节约	安全	转换	信息
改善	能源	传递	装备

课文三　拓展阅读 1

guǐ dào jiāo tōng tōng xìn yǔ xìn hào shè shī
轨 道 交 通 通 信 与 信 号 设 施

yóu yú gāo sù tiě lù xíng shǐ sù dù kuài yùn xíng huán
由 于 高 速 铁 路 行 驶 速 度 快， 运 行 环
jìng fù zá tōng xìn bǎo zhàng yāo qiú gāo bǎo zhèng liè chē
境 复 杂， 通 信 保 障 要 求 高， 保 证 列 车
yǔ tiáo kòng zhōng xīn suí shí bǎo chí lián xì fēi cháng zhòng
与 调 控 中 心 随 时 保 持 联 系 非 常 重
yào tè bié shì zài suì dào shān gǔ děng fù gài shòu dào
要， 特 别 是 在 隧 道、 山 谷 等 覆 盖 受 到
xiàn zhì ce tè shū huán jìng lǐ xū yào jiāng wú xiàn xìn hào
限 制 的 特 殊 环 境 里， 需 要 将 无 线 信 号
yán zhǎn hé fù gài yīn cǐ duì wú xiàn tōng xìn fù gài xì
延 展 和 覆 盖。 因 此， 对 无 线 通 信 覆 盖 系
tǒng de shè jì hé shī gōng chǎn pǐn de pèi zhì dōu yǒu hěn
统 的 设 计 和 施 工、 产 品 的 配 置 都 有 很
gāo de yōo qiú
高 的 要 求。

注：为简便起见，本书“一”“不”等字皆不做变调处理。

xì tǒng jiù shì zhuān mén wèi
GSM-R（GSM for railways）系统就是专门为
tiě lù tōng xìn shè jì de zhuān yòng yí dòng tōng xìn xì tǒng
铁路通信设计的专用移动通信系统，
zhǔ yào yòng lái zhǐ huī tiě lù de rì cháng yùn yíng guǎn lǐ
主要用来指挥铁路的日常运营管理，
shì fēi cháng yǒu xiào de tiě lù diào dù zhǐ huī tōng xìn gōng
是非常有效的铁路调度指挥通信工
jù xì tǒng de suì dào yǐn rù kě yǐ ràng tiě lù gōng
具。GSM-R系统的隧道引入可以让铁路工
zuò rén yuán gōng chéng jì shù rén yuán hé jǐn jí jiù yuán rén
作人员、工程技术人员和紧急救援人
yuán quán xiàn wú zǔ ài de suí shí bǎo chí yǔ yīn lián xì bìng
员全线无阻碍地随时保持语音联系，并
shí shí jiāo huàn wén běn xìn xī hé jī běn yí dòng shù jù
实时交换文本信息和基本移动数据。

xì tǒng bāo kuò wǎng luò zǐ xì tǒng jī
GSM-R系统包括网络子系统（NSS）、基
zhàn zǐ xì tǒng yùn xíng hé yè wù zhī chēng zǐ xì
站子系统（BSS）、运行和业务支撑子系
tǒng zhōng duān shè bèi gè bù fen xià shēn gāo
统（OSS/BSS）、终端设备4个部分。厦深高
tiě guǎng shēn gǎng gāo tiě qīng zàng xiàn dà qín xiàn jiāo
铁、广深港高铁、青藏线、大秦线、胶
jì xiàn wǔ guǎng xiàn zhèng xī xiàn xīn fēng zhèn biān zǔ
济线、武广线、郑西线、新丰镇编组
zhàn shí tài xiàn hé níng xiàn hé wǔ xiàn jīng jīn chéng jì
站、石太线、合宁线、合武线、京津城际
xiàn jīng hù gāo tiě děng dōu yùn yòng le xì tǒng
线、京沪高铁等都运用了GSM-R系统。

zī liào lái yuán jiǎ yù jié chéng shì guǐ dào jiāo tōng tōng
（资料来源：贾毓杰，《城市轨道交通通
xìn yǔ xìn hào jī xiè gōng yè chū bǎn shè nián yǒu shān jiǎn
信与信号》，机械工业出版社，2016年，有删减）

gēn jù wén zhāng huí dá wèn tí
根据文章回答问题

wèi shén me bǎo zhèng gāo sù liè chē yǔ tiáo kòng zhōng xīn suí shí bǎo chí lián xì fēi cháng zhòng yào
1. 为什么保证高速列车与调控中心随时保持联系非常重要？

zài nǎ xiē tè shū huán jìng lǐ xū yào jiāng wú xiàn xìn hào jìn xíng yán zhǎn hé fù gài
2. 在哪些特殊环境里需要将无线信号进行延展和覆盖？

shén me shì xì tǒng tā zhǔ yào shì yòng lái gàn shén me de
3. 什么是GSM-R系统，它主要是用来干什么的？

xì tǒng bāo kuò jǐ gè bù fen fēn bié shì shén me
4. GSM-R系统包括几个部分，分别是什么？

课文四　拓展阅读2

gāo sù tiě lù tōng xìn xì tǒng de tè diǎn
高速铁路通信系统的特点

zài zhòng duō yùn shū fāng shì zhōng gāo tiě de shòu huān yíng chéng dù jí gāo bàn suí zhe gāo tiě shì yè de kuài sù fā zhǎn tiě lù yùn xíng sù dù de bù duàn tí shēng gāo tiě duì tōng xìn xì tǒng yě tí chū le gèng gāo de jì shù yāo qiú bù
在众多运输方式中，高铁的受欢迎程度极高。伴随着高铁事业的快速发展，铁路运行速度的不断提升，高铁对通信系统也提出了更高的技术要求。不

jǐn yào bǎo zhèng zhǐ huī liè chē yùn xíng de gè zhǒng diào dù
仅要保证指挥列车运行的各种调度
zhǐ lìng xìn xī kuài sù zhǔn què de chuán shū hái yào wèi shè
指令信息快速、准确地传输，还要为设
bèi wéi hù yùn yíng guǎn lǐ yǐ jí lǚ kè tí gōng gè zhǒng
备维护、运营管理以及旅客提供各种
wán shàn de tōng xìn fú wù
完善的通信服务。

yī tào néng gòu mǎn zú rú jīn gè zhǒng xiàn shí xū qiú
一套能够满足如今各种现实需求
de xiān jìn de gāo tiě tōng xìn xì tǒng yīng gāi jù yǒu yǐ xià
的、先进的高铁通信系统应该具有以下
tè diǎn
特点。

gāo dù de kě kào xìng
1. 高度的可靠性

yóu yú gāo tiě yùn shū jù yǒu tè shū xìng yùn xíng de
由于高铁运输具有特殊性，运行的
ān quán wěn dìng biàn xiǎn de yóu wéi zhòng yào ér gāo tiě
安全稳定便显得尤为重要，而高铁
yùn xíng shì fǒu ān quán hěn dà chéng dù shàng yī tuō yú
运行是否安全，很大程度上依托于
xiān jìn de tōng xìn xìn hào jì shù yīn cǐ àn zhào gāo sù
先进的通信信号技术。因此，按照高速
tiě lù tōng xìn de jì shù yāo qiú bì xū yào jiàn chéng yī
铁路通信的技术要求，必须要建成一
gè dà róng liàng líng huó fāng biàn yōu zhì gāo xiào de zōng
个大容量、灵活方便、优质高效的综
hé shù jù tōng xìn xì tǒng cái néng què bǎo liè chē gāo sù
合数据通信系统，才能确保列车高速
yùn xíng hé liè chē zhǐ huī diào dù xìn xī chuán shū de chàng
运行和列车指挥调度信息传输的畅
tōng wú zǔ
通无阻。

chū sè de jì shù xìng néng
2. 出色的技术性能

yóu yú zhěng gè tiě lù xì tǒng bāo kuò tài duō de xiàn lù
由于整个铁路系统包括太多的线路
hé shí jiān fēn bù suǒ yǐ wǒ guó tiě lù xì tǒng de guǎn lǐ
和时间分布，所以，我国铁路系统的管理
shì shí fēn fù zá de zhěng gè jié gòu xū yào jí dà de xìn xī
是十分复杂的，整个结构需要极大的信息
wǎng luò tí gōng jī chǔ bǎo zhàng tōng xìn xì tǒng de zhuàng
网络提供基础保障。通信系统的状
tài zhí jiē yǐng xiǎng zhe zhěng gè tiě lù xì tǒng de yùn zhuǎn
态直接影响着整个铁路系统的运转
zhuàng tài gāo tiě tōng xìn xì tǒng gèng shì rú cǐ jī yú cǐ
状态，高铁通信系统更是如此。基于此，
gāo tiě tōng xìn xì tǒng bì xū jù yǒu chū sè de jì shù xìng
高铁通信系统必须具有出色的技术性
néng cái néng wán chéng duì xìn xī de cǎi jí chù lǐ chuán
能，才能完成对信息的采集、处理、传
shū hé kòng zhì bìng yǔ qí tā bù fen xié tóng gōng zuò yǐ
输和控制，并与其他部分协同工作，以
bǎo zhèng liè chē de zhèng cháng yùn xíng yǐ jí gè xiàng yùn
保证列车的正常运行以及各项运
shū guǎn lǐ gōng zuò shùn lì gāo xiào de jìn xíng
输、管理工作顺利高效地进行。

duō yàng róng hé de xìn xī tǐ xì
3. 多样融合的信息体系

zài chuán tǒng de tiě lù xì tǒng zhōng yóu yú liè chē yùn
在传统的铁路系统中，由于列车运
xíng sù dù bǐ jiào dī tōng xìn xì tǒng yǔ xìn hào xì tǒng jī
行速度比较低，通信系统与信号系统基
běn shàng shì gè zì dú lì de ér zài gāo sù tiě lù xì tǒng
本上是各自独立的。而在高速铁路系统

zhōng zhè zhǒng fēn lí zhuàng tài yǐ jīng bù néng shì yìng xū
中，这种分离状态已经不能适应需
yào xǔ duō shè jí liè chē diào dù zhǐ huī kòng zhì jiān dū
要，许多涉及列车调度指挥、控制、监督
de diàn zǐ huà xìn hào xì tǒng de xìn xī xū yào tōng guò tōng
的电子化信号系统的信息需要通过通
xìn xì tǒng jìn xíng yuǎn jù lí kuài sù chuán sòng yīn cǐ tiě
信系统进行远距离快速传送，因此，铁
lù tōng xìn xìn hào jì shù bù néng zài yǐ dān yī de jì shù
路通信信号技术不能再以单一的技术
xíng tài chéng xiàn ér shì bì xū yǔ qí tā xì tǒng zǔ chéng
形态呈现，而是必须与其他系统组成
yǒu jī zhěng tǐ xíng chéng yī gè bāo kuò tōng xìn zhǐ huī hé
有机整体，形成一个包括通信、指挥和
kòng zhì zài nèi de gāo jí zì dòng huà diàn zǐ xìn xī xì tǒng
控制在内的高级自动化电子信息系统，
yǐ què bǎo tiě lù yùn xíng de ān quán yǔ gāo xiào
以确保铁路运行的安全与高效。

duō zhǒng xìn xī chuán shū hé fú wù gōng néng
4. 多种信息传输和服务功能

gāo sù tiě lù tōng xìn xì tǒng chú le yào yǒu xiào chuán
高速铁路通信系统除了要有效传
shū chuán tǒng tiě lù tōng xìn de huà yīn xìn xī zhī wài hái
输传统铁路通信的话音信息之外，还
yào chuán shū hé chù lǐ dà liàng zhū rú shù jù tú xiàng wén
要传输和处理大量诸如数据、图像、文
zì děng fēi huà yīn xìn xī zhè jiù yāo qiú gāo tiě tōng xìn xì
字等非话音信息，这就要求高铁通信系
tǒng yào shì yìng bù duàn jìn bù de wǎng luò jì shù yǐ tí
统要适应不断进步的网络技术，以提
shēng fú wù zhì liàng suí zhe jì suàn jī jì shù zài gāo sù tiě
升服务质量。随着计算机技术在高速铁
lù kè huò yùn shū zhōng de guǎng fàn yìng yòng gāo tiě tōng
路客货运输中的广泛应用，高铁通

xìn xì tǒng yǐ jīng wèi gè zhǒng yùn shū fú wù tí gōng le
信系统已经为各种运输服务提供了
xǔ duō xiān jìn de shè bèi tiáo jiàn rú huò zhǔ lǚ kè tōng
许多先进的设备条件，如货主、旅客通
guò jì suàn jī wǎng luò shí xiàn wú zhǐ huà tuō yùn diàn zǐ
过计算机网络实现无纸化托运、电子
huò wù chá xún yì dì gòu piào diàn huà dìng piào děng fú
货物查询、异地购票、电话订票等服
wù gōng néng
务功能。

zōng guān shì jiè gè guó gāo sù tiě lù tōng xìn xì tǒng jìn
综观世界各国高速铁路通信系统近
shí jǐ nián lái de fā zhǎn lì shǐ hé xiàn zhuàng yóu yú tiě lù
十几年来的发展历史和现状，由于铁路
tōng xìn zhǒng lèi fán duō yāo qiú gè yì zhì jīn réng wèi xíng
通信种类繁多，要求各异，至今仍未形
chéng yī zhǒng tǒng yī de mó shì dàn kě yǐ xiāng xìn suí zhe
成一种统一的模式。但可以相信，随着
jīn hòu tōng xìn jì shù rì xīn yuè yì de fā zhǎn hé xīn shè bèi
今后通信技术日新月异的发展和新设备
de céng chū bù qióng gāo sù tiě lù de tōng xìn xì tǒng jiāng
的层出不穷，高速铁路的通信系统将
huì bù duàn dé dào gēng xīn hé wán shàn
会不断得到更新和完善。

zī liào lái yuán zhōng guó tiě lù jú gāo sù tiě lù tōng
（资料来源：中国铁路局，《高速铁路通
xìn zhōng guó tiě dào chū bǎn shè nián yǒu shān gǎi
信》，中国铁道出版社，2012年，有删改）

第二单元　牵引供变电

课文一　牵引供变电的优点和缺点

目前，**轨道交通**的**牵引动力**主要是**电能**。人们首先将电能转化为**机械能**，然后通过机械能让铁路列车、电动车组和城市轨道电动车辆等运输工具运行。拖动轨道交通运输工具运行所需要的电能的供电方式叫作**牵引供电**，由牵引供电方式构成的供电系统就叫作牵引供电系统。牵引供电系统可以通过牵引**变电所**，将原本是 220 kV 的电源降低到 27.5 kV，然后再输送到电力机车的整个供电系统。城市电车、地铁等运输工具都使用牵引供电系统。

现在研究认为，牵引供电的优点主要是：节约能源；可以提高运行速度和安全性；降低**成本**费用；更容易实现**自动化**；有利于环境保护。不过，牵引供电也有缺点，主要是：（1）需要比较多的钱进行基本建设；（2）对铁路附近的通信线路有一定的电磁**干扰**；（3）接触网需要停电检修，这要求列车在运行过程中要留有一定的**天窗时间**，并且在这段时间里列车要停止运行；（4）会对电力系统造成一些不利因素。

生词

轨道交通	guǐdào jiāotōng	rail transit
牵引动力	qiānyǐn dònglì	traction power
电能	diànnéng	electric energy
机械能	jīxiènéng	mechanical energy
牵引供电	qiānyǐn gōngdiàn	traction power supply
变电所	biàndiànsuǒ	electric power substation
成本	chéngběn	cost
自动化	zìdònghuà	automation
干扰	gānrǎo	disturb；interference
天窗时间	tiānchuāng shíjiān	skylight time

语法点

1. 提高　　enhance；improve

表示使位置、程度、水平、数量、质量等方面比原来高，后面可接名词作宾语。

例：

提高速度　　　　现在的速度比以前快。

提高声音　　　　现在的声音比以前更响亮。

提高免疫力　　　现在比以前身体状况更好，不容易生病。

反义词：降低

2. 然后　　after that

表示某一行动或情况发生后，接着发生或引起另一行动或情况；用于顺承复句的后一分句的句首，或一段的开头，有的与前一分句的“先”“首先”相呼应。

例：

先洗手，然后吃饭/先洗手，再吃饭。

先做作业，然后看电视。/先做作业，再看电视。

课文二　城市轨道交通牵引供电系统常见受电方式

城市轨道交通牵引供电系统主要有三种**受电方式**：**架空线**受电方式、三轨受电方式和四轨受电方式。

架空线受电方式是通过架空线向列车供电，电流经过架空线—列车电动机—**行车轨**—**回流线**—变电站**整流器负极**，构成一个完整的**回路**。架空线受电方式的最大优点是安全，缺点是供电的**可靠性**比较低。

三轨受电方式是指在轨道交通工具行驶的地面上有三条轨道，其中两条是列车轮轨，也叫行走轨，还有一条在两条行走轨中间的轨道，叫作第三轨或受电轨。电流经过受电轨—列车电动机—行走轨—回流线—变电站整流器负极，构成一个完整的回路。世界上许多城市的轨道系统都采用这种方式。

四轨受电方式是指除了两条行走轨之外，还有一条受电轨和一条回流轨。这种受电方式的优点是牵引供电的可靠性比较高，可以避免对信号系统的干扰。

三轨和四轨受电系统的优点是建造成本比较低；受环境的影响

比较小；适合小半径轮轨**弯道**；不妨碍城市**景观**。缺点是乘客、行人和检修人员可能有触电的危险；只能进行短**距离**乘客运输；列车速度不高。

在中国，架空线受电方式主要用于无轨电车，带电轨受电方式主要用于地铁和其他城市轨道交通。

生词

受电方式	shòudiàn fāngshì	by the way of electric
架空线	jiàkōngxiàn	overhead lines
行车轨	xíngchēguǐ	crane rail
回流线	huíliúxiàn	return line
整流器	zhěngliúqì	rectifier
负极	fùjí	negative electrode
回路	huílù	loop
可靠性	kěkàoxìng	dependability
弯道	wāndào	curve
景观	jǐngguān	landscape
距离	jùlí	distance

练习

一、根据拼音写词语。

guǐdào jiāotōng　　diànnéng　　qiānyǐn gōngdiàn

（　　　　）　　（　　）　　（　　　　）

biàndiànsuǒ　　chéngběn　　zìdònghuà

(　　　)　　(　　　)　　(　　　)

gānrǎo　　shòudiàn fāngshì　　zhěngliúqì

(　　)　　(　　　　)　　(　　　)

huílù　　jùlí　　jǐngguān

(　　)　　(　　)　　(　　　)

二、根据课文判断正误。

1. 目前，轨道交通的牵引动力主要是机械能。(　　)

2. 轨道交通主要包括铁路列车、电动车组和城市轨道电动车辆等运输工具。(　　)

3. 牵引供电系统可以将 220 kV 的电源降低到 27.5 kV。(　　)

4. 牵引供电能够节约能源，保护环境。(　　)

5. 牵引供电的基本建设成本比较高。(　　)

6. 牵引供电不会对铁路附近的通信线路造成干扰。(　　)

7. 牵引供电的接触网进行检修的时候，列车可以继续运行。(　　)

8. 牵引供电系统通过牵引变电所将电源输送到电力机车的整个供电系统。(　　)

9. 牵引供电已经全部实现自动化。(　　)

三、根据课文填空。

1. 目前，轨道交通的牵引动力主要是________________。

2. 牵引供电系统可以通过________________，将 220 kV 的电源降低到 27.5 kV。

3. 牵引供电的接触网进行检修的时候，列车需要________________________。

4. 牵引供电系统先将电能转化为______________，然后通过它让铁路列车运行。

5. 轨道交通工具主要包括铁路列车、__________________和______________等。

四、语法练习。

1. 找出课文中带有“提高”的句子。

2. 查词典或者其他工具书，找出“提高”“提高到”“降低”“降低到”的用法并造句。

3. 从课文中找出“然后”的句子。

4. 查词典，找出“然后”的使用方法并造句。

五、将适当的词语连接在一起。

拖动	费用	提高	信号系统
降低	环境	干扰	乘客
输送	工具	避免	速度
保护	能源	运输	危险

课文三　拓展阅读 1

zhōng guó tiě lù diàn qì huà de fā zhǎn guò chéng
中国铁路电气化的发展过程

zhōng guó tiě lù diàn qì huà cóng nián kāi shǐ
中国铁路电气化从 1956 年开始。1961
nián yuè bǎo chéng tiě lù bǎo jī zhì chéng dū bǎo jī zhì
年 8 月，宝成铁路（宝鸡至成都）宝鸡至
fèng zhōu duàn diàn qì huà tiě lù tōng chē nián yuè
凤州段电气化铁路通车；1975 年 6 月，
bǎo chéng tiě lù quán xiàn diàn qì huà tiě lù tōng chē chéng
宝成铁路全线电气化铁路通车，成
wéi zhōng guó dì yī tiáo diàn qì huà tiě lù xiàn zài diàn qì
为中国第一条电气化铁路。现在，电气
huà tiě lù yǐ jīng chéng wéi zhōng guó tiě lù fā zhǎn de zhǔ
化铁路已经成为中国铁路发展的主
yào fāng shì bìng qiě zhèng zài xiàng gāo sù tiě lù fā zhǎn
要方式，并且正在向高速铁路发展。
suí zhe nián dòng chē zǔ de yùn xíng zhōng guó de diàn
随着 2007 年动车组的运行，中国的电
qì huà tiě lù yǐ jiāng jìn rù shì jiè xiān jìn háng liè
气化铁路已将进入世界先进行列。

cóng nián dào nián nián dǐ zhōng guó gòng jiàn
从 1961 年到 1980 年年底，中国共建
chéng diàn qì huà tiě lù qiān mǐ píng jūn měi nián xiū
成电气化铁路 1 679.6 千米，平均每年修
jiàn diàn qì huà tiě lù bù dào qiān mǐ nián yǐ hòu
建电气化铁路不到 100 千米。1980 年以后，
diàn qì huà tiě lù jiàn shè yǒu le bǐ jiào kuài sù de fā zhǎn
电气化铁路建设有了比较快速的发展。
nián dào nián zhōng guó gòng xiū jiàn le diàn qì huà
1981 年到 1990 年，中国共修建了电气化

tiě lù qiān mǐ píng jūn měi nián xiū jiàn diàn qì huà
铁路 5 294.63 千米，平均每年修建电气化
tiě lù chāo guò qiān mǐ dào nián zhōng guó diàn qì
铁路超过 500 千米。到 2005 年，中国电气
huà tiě lù yǐ jīng dá dào qiān mǐ dào nián
化铁路已经达到 20 000 千米。到 2008 年 10
yuè zhōng guó diàn qì huà tiě lù yǐ jīng dá dào le
月，中国电气化铁路已经达到了 26 000
qiān mǐ
千米。

zī liào lái yuán zhāng fú shēng qiān yǐn gòng diàn xì
（资料来源：张福生，《牵引供电系
tǒng běi jīng jiāo tōng dà xué chū bǎn shè nián yǒu
统》，北京交通大学出版社，2013 年，有
shān jiǎn
删减）

gēn jù wén zhāng huí dá wèn tí
根据文章回答问题

mù qián zhōng guó tiě lù fā zhǎn de zhǔ yào fāng shì
1. 目前，中国铁路发展的主要方式
shì shén me
是什么？

yǔ shì jiè qí tā guó jiā xiāng bǐ zhōng guó de diàn qì
2. 与世界其他国家相比，中国的电气
huà tiě lù fā zhǎn de zěn me yàng
化铁路发展得怎么样？

nián yǐ qián zhōng guó jiàn chéng de diàn qì huà
3. 1980 年以前，中国建成的电气化
tiě lù zǒng gòng yǒu duō cháng
铁路总共有多长？

课文四　拓展阅读 2

diàn qì huà tiě lù de fā zhǎn lì chéng
电气化铁路的发展历程

nián yuè rì zài dé guó bó lín jǔ bàn de shì jiè
1879 年 5 月 31 日，在德国柏林举办的世界
mào yì bó lǎn huì shàng xī mén zǐ hé hā ěr sī kè gōng sī
贸易博览会上，西门子和哈尔斯克公司
zhǎn chū le shì jiè shàng dì yī tiáo diàn qì huà tiě lù
展出了世界上第一条电气化铁路。1881
nián xī mén zǐ hé hā ěr sī kè gōng sī yòu zài bó lín jìn jiāo
年，西门子和哈尔斯克公司又在柏林近郊
de lì xī tè fēi ěr dé chē zhàn zhì jūn shì xué yuàn zhī jiān xiū
的利希特菲尔德车站至军事学院之间修
jiàn le yī tiáo qiān mǐ cháng de diàn chē xiàn lù tóng
建了一条 2.45 千米长的电车线路。同
nián fǎ guó bā lí guó jì diàn gōng zhǎn lǎn huì shàng zhǎn
年，法国巴黎国际电工展览会上展
chū le dì yī tiáo mǐ cháng de yóu tiáo jià kōng dǎo xiàn
出了第一条 500 米长的、由 2 条架空导线
gōng diàn de diàn chē xiàn lù zhè zhǒng diàn chē xíng shì de
供电的电车线路。这种电车形式的
diàn qì huà tiě lù de chū xiàn yǐn qǐ le xī ōu měi guó rì
电气化铁路的出现，引起了西欧、美国、日
běn děng guó jí dà de xìng qù yú shì tā men fēn fēn kāi shǐ
本等国极大的兴趣，于是他们纷纷开始
xiū jiàn diàn qì huà tiě lù
修建电气化铁路。

dào le shì jì nián dài yī xiē gōng yè fā dá guó jiā
到了 20 世纪 50 年代，一些工业发达国家
wèi le wán chéng jí jù zēng zhǎng de yùn shū rèn wù yǐ jí
为了完成急剧增长的运输任务，以及

yǔ qí tā yùn shū yè jìng zhēng de xū yào kāi shǐ dà guī mó
与其他运输业竞争的需要，开始大规模

de jìn xíng tiě lù yùn shū yè de xiàn dài huà jiàn shè zhǔ yào
地进行铁路运输业的现代化建设，主要

shì qiān yǐn dòng lì xiàn dài huà de jiàn shè yīn cǐ diàn qì
是牵引动力现代化的建设。因此，电气

huà tiě lù de jiàn shè sù dù bù duàn jiā kuài xiū jiàn de guó
化铁路的建设速度不断加快，修建的国

jiā zhú jiàn zēng duō diàn qì huà tiě lù fā zhǎn zuì kuài de shí
家逐渐增多。电气化铁路发展最快的时

qī shì shì jì nián dài píng jūn měi nián xiū jiàn
期是20世纪60—70年代，平均每年修建

dá duō qiān mǐ dào shì jì nián dài mò zài gōng
达5 000多千米。到20世纪70年代末，在工

yè fā dá de xī ōu rì běn sū lián yǐ jí dōng ōu děng guó
业发达的西欧、日本、苏联，以及东欧等国

jiā yùn shū fán máng de zhǔ yào tiě lù gàn xiàn dōu yǐ jīng
家，运输繁忙的主要铁路干线都已经

shí xiàn le diàn qì huà ér qiě jī běn shàng yǐ jīng chéng
实现了电气化，而且基本上已经成

wǎng shì jì nián dài yǐ hòu yī xiē fā zhǎn zhōng guó
网。20世纪80年代以后，一些发展中国

jiā rú zhōng guó yìn dù nán fēi cháo xiǎn tǔ ěr qí
家，如中国、印度、南非、朝鲜、土耳其、

bā xī zhì lì mó luò gē gāng guǒ děng guó jiā de diàn
巴西、智利、摩洛哥、刚果等国家的电

qì huà tiě lù fā zhǎn yě hěn kuài qí zhōng nán fēi
气化铁路发展也很快，其中，南非1997

nián zhì nián liǎng nián jiù xiū jiàn le diàn qì huà tiě lù
年至1998年两年就修建了电气化铁路

qiān mǐ píng jūn měi nián jiàn chéng jìn qiān mǐ
7 898千米，平均每年建成近4 000千米，

chuàng zào le shì jiè diàn qì huà tiě lù jiàn shè sù dù de lì
创造了世界电气化铁路建设速度的历
shǐ jì lù
史记录。

diàn qì huà tiě lù shì yī zhǒng xiàn dài huà de tiě lù yùn
电气化铁路是一种现代化的铁路运
shū gōng jù hé chuán tǒng zhēng qì jī chē huò chái yóu jī
输工具。和传统蒸汽机车或柴油机
chē qiān yǐn liè chē yùn xíng de tiě lù bù tóng diàn qì huà tiě
车牵引列车运行的铁路不同，电气化铁
lù shì cóng wài bù diàn yuán hé qiān yǐn gōng diàn xì tǒng huò
路是从外部电源和牵引供电系统获
dé diàn néng tōng guò diàn lì jī chē qiān yǐn liè chē yùn xíng
得电能，通过电力机车牵引列车运行
de tiě lù yīn cǐ diàn qì huà tiě lù jù yǒu yùn shū néng lì dà
的铁路。因此，电气化铁路具有运输能力大、
xíng shǐ sù dù kuài xiāo hào néng yuán shǎo yùn yíng chéng běn
行驶速度快、消耗能源少、运营成本
dī gōng zuò tiáo jiàn hǎo děng yōu diǎn zài jì shù hé jīng jì
低、工作条件好等优点，在技术和经济
shàng jù yǒu míng xiǎn de yōu yuè xìng
上具有明显的优越性。

shǒu xiān tā néng gòu dà fú dù de tí gāo yùn shū néng
首先，它能够大幅度地提高运输能
lì yóu yú diàn lì jī chē yǐ wài bù diàn néng zuò dòng lì
力。由于电力机车以外部电能作动力，
bù xū yào zì dài dòng lì zhuāng zhì kě yǐ jiàng dī jī chē zì
不需要自带动力装置，可以降低机车自
zhòng zhè yàng yī lái zài měi gēn zhóu de hè zhòng xiāng tóng
重，这样一来，在每根轴的荷重相同
de tiáo jiàn xià qí zhóu gōng lǜ jiào dà zài xiāng tóng de
的条件下，其轴功率较大；在相同的

qiān yǐn zhì liàng shí qí sù dù jiào gāo ér zài xiāng tóng sù
牵引质量时，其速度较高；而在相同速

dù shí qí qiān yǐn lì jiào dà yīn wèi diàn lì jī chē de gōng
度时，其牵引力较大。因为电力机车的功

lǜ dà suǒ yǐ tā de qiān yǐn lì dà chí xù sù dù jiào gāo
率大，所以它的牵引力大，持续速度较高，

cóng ér dà dà tí gāo le yùn shū néng lì
从而大大提高了运输能力。

qí cì kě yǐ jié yuē néng yuán jiàng dī yùn shū chéng
其次，可以节约能源，降低运输成

běn tiě lù yùn shū shì guó jiā néng yuán xiāo hào de yī gè dà
本。铁路运输是国家能源消耗的一个大

hù yīn cǐ qiān yǐn dòng lì lèi xíng de xuǎn zé duì yú hé lǐ
户。因此，牵引动力类型的选择对于合理

shǐ yòng néng yuán jù yǒu zhòng yào yì yì diàn lì qiān yǐn de
使用能源具有重要意义。电力牵引的

dòng lì shì diàn néng cóng néng yuán shēng chǎn de fā zhǎn
动力是电能，从能源生产的发展

lái kàn diàn lì qiān yǐn shì zuì hé lǐ de qiān yǐn dòng lì
来看，电力牵引是最合理的牵引动力。

zuì hòu yǒu lì yú bǎo hù huán jìng bìng néng zēng jiā ān
最后，有利于保护环境，并能增加安

quán kě kào chéng dù diàn lì jī chē wú fèi qì hé yān chén
全可靠程度。电力机车无废气和烟尘，

duì kōng qì wú wū rǎn lìng wài zào shēng jiào xiǎo tè bié
对空气无污染，另外，噪声较小，特别

zài tōng guò cháng dà suì dào shí qí yōu diǎn gèng wéi míng
在通过长大隧道时，其优点更为明

xiǎn zhè bù jǐn gǎi shàn le sī jī de gōng zuò tiáo jiàn tí gāo
显，这不仅改善了司机的工作条件，提高

le lǚ kè de shū shì dù ér qiě duì tiě lù yán xiàn chéng shì
了旅客的舒适度，而且对铁路沿线城市、

jiāo qū de wū rǎn yě jiǎn dào zuì dī chéng dù　cǐ wài　diàn lì
郊区的污染也减到最低程度。此外，电力
jī chē zhuāng yǒu dà gōng lǜ de diàn qì zhì dòng zhuāng zhì
机车装有大功率的电气制动装置，
kě yòng yú cháng dà xià pō de sù dù tiáo zhěng　cóng ér dà dà
可用于长大下坡的速度调整，从而大大
tí gāo liè chē yùn xíng de ān quán dù
提高列车运行的安全度。

zī liào lái yuán　bǎi kē
（资料来源：360百科）

第三单元 行车组织

课文一 铁路行车组织的主要内容

铁路行车组织是指综合利用铁路技术设备，**统筹**安排铁路运输资源，安全、高效地完成铁路运输任务的铁路生产管理工作。铁路行车组织包括下面一些内容：

一、车站工作组织：车站是铁路运输生产的**基层单位**，车站工作组织的**优劣**直接关系到运输生产的安全和效率。车站工作组织要解决下列问题：车站设备的合理使用与管理方法；接发列车和调车**作业**组织；车站作业计划的编制和执行方法；《车站行车工作细则》的编制。

二、**枢纽**工作组织：研究枢纽内车站的合理**布局**和分工，以及枢纽车流和列车运行组织方法。

三、列车编组计划：研究如何将车流组织成各种列车，经济、迅速地完成列车输送任务，并合理地分配技术站的列车解、编任务。

四、列车运行图：列车运行图规定了各**区段**列车占用**区间**的顺序，所有与列车运行有关的铁路部门必须按列车运行图的要求组织本部门的工作。

五、铁路区段通过能力计算和加强：铁路区段通过能力是由铁路区间、车站、机车整备和检修、**电气化铁路**的电力供应等设备的能力决定的。其中最**薄弱环节**的能力即为该区段的最终通过能力。铁路运输设备的设计或改建应保证通过能力有一定的**超前性**，能满足计划期间（15～20 年）的运输要求。当运量进一步增长时，再有计划、按步骤地进行能力加强。[①]

生词

统筹	tǒngchóu	to plan as a whole
基层单位	jīcéng dānwèi	grass-roots unit
优劣	yōuliè	excellent and inferior
作业	zuòyè	job
枢纽	shūniǔ	terminal
布局	bùjú	overall arrangement
区段	qūduàn	district
区间	qūjiān	section
电气化铁路	diànqìhuà tiělù	electrify railway
薄弱环节	bóruò huánjié	frail sector
超前性	chāoqiánxìng	transcend

① 宋建业，谢金宝. 铁路行车组织基础[M]. 北京：中国铁道出版社，2005：8.

课文二　列车运行图的意义

在铁路运输生产过程中，列车运行是一个复杂的环节。它要利用多种铁路技术设备，要求各个部门和工种、各项作业之间互相协调配合。只有这样才能保证行车安全和提高运输效率。列车运行图在这方面起着极其重要的作用。

列车运行图是全路组织列车运行的基础。它规定各次列车占用区间的程序、列车在每个车站的到达和出发（或通过）时刻、列车在区间的运行时间、列车在车站的停站时间以及机车**交路**等。

与运输有关的各个部门都应根据列车运行图所规定的要求来安排工作。例如，车站要根据运行图所规定的列车到达和出发时刻，安排本站调车和客、货运输工作；**机务部门**要根据运行图的要求，确定机车交路，安排机车的整备和乘务员的作息；其他部门（如工务、电务等）也都要根据运行图的规定来安排线路和设备的施工和维修。通过列车运行图，可以把整个铁路网的活动联系成为一个统一的整体，把**上述**所有与行车有关的单位组织起来，严格按照一定的程序**有条不紊**地进行工作。因此可以说，列车运行图是铁路运输工作的一个**综合性**计划，是行车工作的基础。①

铁路列车运行图的要素包括：列车区间运行时分，列车在中间站的停站时间，机车在基本段和**折返**段所在站的停留时间标准，列车在技术站、客运站和货运站的技术作业时间标准，车站**间隔**时间和追踪列车间隔时间。②

---

① 宋建业，谢金宝. 铁路行车组织基础[M]. 北京：中国铁道出版社，2005：254，257-259.

② 徐瑞华. 轨道交通系统行车组织[M]. 北京：中国铁道出版社，2005：253.

生词

交路	jiāolù	routes which intersect
机务部门	jīwù bùmén	maintenance department
上述	shàngshù	above-mentioned
有条不紊	yǒutiáo-bùwěn	systematically
综合性	zōnghéxìng	the essence of synthesis
折返	zhéfǎn	to return and go back
间隔	jiàngé	interval

练习

一、根据拼音写词语。

tǒngchóu ( ) yōuliè ( ) jīcéng ( ) shūniǔ ( )

bùjú ( ) bóruò ( ) diànqìhuà ( )

chāoqiánxìng ( ) jiāolù ( ) jīwù ( )

shàngshù ( ) yǒutiáo-bùwěn ( ) zōnghéxìng ( )

zhéfǎn ( ) jiàngé ( )

二、根据课文判断正误。

1. 铁路行车组织是指综合利用铁路技术设备，统筹安排铁路人力资源，安全、高效地完成铁路建设任务的铁路生产管理工作。(　　)

2. 铁路行车组织包括车站工作组织、枢纽工作组织、货物列车编组计划、列车运行图，以及铁路区段通过能力计算和加强。(　　)

3. 铁路运输生产的基层单位是车站。(　　)

4. 不是所有与列车运行有关的铁路部门都需要遵守列车运行图的要求。(　　)

5. 铁路区段通过能力由该区段最强环节的能力决定。(　　)

6. 铁路区段通过能力的加强有赖于铁路运输设备的设计或改建。(　　)

7. 列车运行要利用多种铁路技术设备，要求各个部门和工种、各项作业之间互相协调配合。(　　)

8. 列车运行图不显示列车在车站停留的时间。(　　)

9. 列车乘务员的作息由机务部门自行安排。(　　)

10. 列车运行图的要素不包括列车装载货物的种类和数量。(　　)

三、根据课文填空。

1. 车站是铁路运输生产的____________单位，车站工作组织的____________直接关系到运输生产的安全和效率。

2. 车站工作组织要解决下列问题：车站设备的__________与管理方法；接发列车和调车____________，等等。

3. 运行图是铁路行车组织的基础。它规定了各__________列车占用____________的程度。

4. 列车运行图，可以把所有与行车有关的单位组织起来，严格按照一定的程序______________地进行工作。

5. 铁路列车运行图的______________包括：列车区间运行时分，列车在中间站的停站时间，机车在______________和______________所在站的停留时间标准，等等。

四、将下列词语组成句子。

1. 铁路运输资源　完成　铁路行车组织　统筹安排　铁路运输任务

2. 合理布局　枢纽内　枢纽工作组织　车站的　研究

3. 部门和工种　铁路运输生产　之间　要求　各个　协调配合

4. 如何　货物列车编组计划　列车　研究　车流　组织成　各种　将

5. 运输工作　运行图　车站　根据　本站　调车　和　客货车　安排

五、将适当的词语连在一起。

统筹	工作	提高	效率
规定	标准	组织	区间
进行	资源	划分	行车
制定	顺序	维修	设备

课文三　拓展阅读 1

yǒng wēn xiàn tè bié zhòng dà tiě lù jiāo tōng shì gù
“7·23”甬温线特别重大铁路交通事故

nián yuè rì shí fēn miǎo yǒng wēn xiàn
2011 年 7 月 23 日 20 时 30 分 05 秒，甬温线
yǒng jiā zhàn zhì wēn zhōu nán zhàn jiān xià xíng xiàn qiān
永嘉站至温州南站间下行线 583 千
mǐ mǐ chù ōu jiāng tè dà qiáo shàng yóu běi jīng nán zhàn
米 831 米处（瓯江特大桥上），由北京南站
kāi wǎng fú zhōu zhàn de cì liè chē yǔ háng zhōu zhàn
开往福州站的 D301 次列车与杭州站
kāi wǎng fú zhōu nán zhàn de cì liè chē fā shēng dòng
开往福州南站的 D3115 次列车发生动
chē zǔ liè chē zhuī wěi shì gù zào chéng rén sǐ wáng
车组列车追尾事故，造成 40 人死亡，172
rén shòu shāng zhōng duàn xíng chē xiǎo shí fēn zhí jiē
人受伤，中断行车 32 小时 35 分，直接
jīng jì sǔn shī wàn yuán
经济损失 19 371.65 万元。

nián yuè rì shí fēn zuǒ yòu léi jī wēn
2011 年 7 月 23 日 19 时 30 分左右，雷击温
zhōu nán zhàn yán xiàn tiě lù diàn wǎng huò fù jìn dà dì dǎo
州南站沿线铁路电网或附近大地，导
zhì liè kòng zhōng xīn shè bèi bǎo xiǎn guǎn róng duàn róng
致列控中心设备保险管 F2 熔断。熔
duàn qián wēn zhōu nán zhàn liè kòng zhōng xīn guǎn xiá qū jiān
断前温州南站列控中心管辖区间
de guǐ dào wú chē zhàn yòng yīn wēn zhōu nán zhàn liè kòng
的轨道无车占用。因温州南站列控
zhōng xīn shè bèi de yán zhòng quē xiàn dǎo zhì hòu xù shí duàn
中心设备的严重缺陷，导致后续时段

shí jì yǒu chē zhàn yòng shí liè kòng zhōng xīn shè bèi réng àn
实际有车占用时，列控中心设备仍按
zhào wú chē zhàn yòng zhuàng tài jìn xíng kòng zhì shū chū
照无车占用状态进行控制输出。

shí fēn cì liè chē jìn yǒng jiā zhàn dào tíng
19时51分，D3115次列车进永嘉站3道停
chē zhèng cháng bàn lǐ kè yùn yè wù shí fēn cì
车，正常办理客运业务。20时12分，D301次
liè chē zài yǒng jiā zhàn dào tíng chē děng dài xìn hào
列车在永嘉站1道停车等待信号。

shí fēn miǎo cì liè chē cóng yǒng jiā zhàn
20时14分58秒，D3115次列车从永嘉站
kāi chē shí fēn miǎo cì liè chē yùn xíng dào
开车。20时21分22秒，D3115次列车运行到
qiān mǐ mǐ chù yīn guǐ dào diàn lù gù zhàng
583千米834米处，因5829AG轨道电路故障，
chù fā liè chē chāo sù fáng hù xì tǒng zì dòng zhì dòng gōng
触发列车超速防护系统自动制动功
néng liè chē zhì dòng huá xíng yú shí fēn miǎo tíng yú
能，列车制动滑行，于20时21分46秒停于
qiān mǐ mǐ chù
584千米115米处。

shí fēn miǎo cì liè chē yùn xíng dào
20时29分32秒，D301次列车运行到582
qiān mǐ mǐ chù cǐ shí cì liè chē jìn rù guǐ dào diàn
千米497米处。此时，D301次列车进入轨道电
lù fā shēng gù zhàng de guǐ dào qū duàn shí
路发生故障的5829AG轨道区段。20时30
fēn miǎo cì liè chē zài qiān mǐ mǐ chù yǐ
分05秒，D301次列车在583千米831米处以99
qiān mǐ xiǎo shí de sù dù yǔ cì liè chē zhuī wěi
千米/小时的速度与D3115次列车追尾。

jīng diào chá rèn dìng dǎo zhì shì gù fā shēng de yuán yīn
经调查认定，导致事故发生的原因

shì dāng wēn zhōu nán zhàn liè kòng zhōng xīn shè bèi bǎo xiǎn
是：当温州南站列控中心设备保险

guǎn zāo léi jī róng duàn hòu cǎi jí shù jù bù zài gēng
管 F2 遭雷击熔断后，采集数据不再更

xīn cuò wù de àn zhào wú chē zhàn yòng zhuàng tài shū chū xìn
新，错误地按照无车占用状态输出信

hào léi jī yě zào chéng guǐ dào diàn lù fā sòng qì yǔ
号。雷击也造成 5829AG 轨道电路发送器与

liè kòng zhōng xīn tōng xìn gù zhàng shǐ cóng yǒng jiā zhàn chū
列控中心通信故障，使从永嘉站出

fā de cì liè chē chāo sù fáng hù xì tǒng zì dòng zhì
发的 D3115 次列车超速防护系统自动制

dòng zài qū duàn nèi tíng chē yīn wēn zhōu nán zhàn liè
动，在 5829AG 区段内停车。因温州南站列

kòng zhōng xīn wèi néng cǎi jí dào qián xíng cì liè chē
控中心未能采集到前行 D3115 次列车

zài qū duàn de zhàn yòng zhuàng tài xìn xī shǐ wēn
在 5829AG 区段的占用状态信息，使温

zhōu nán zhàn liè kòng zhōng xīn xiàng cì liè chē fā sòng
州南站列控中心向 D301 次列车发送

wú chē zhàn yòng mǎ dǎo zhì cì liè chē shǐ xiàng
无车占用码，导致 D301 次列车驶向 D3115

cì liè chē bìng zhuī wěi
次列车并追尾。

jīng diào chá rèn dìng yǒng wēn xiàn tè bié zhòng
经调查认定，“7·23”甬温线特别重

dà tiě lù jiāo tōng shì gù shì yī qǐ yīn liè kòng zhōng xīn shè
大铁路交通事故是一起因列控中心设

bèi cún zài yán zhòng shè jì quē xiàn shàng dào shǐ yòng shěn
备存在严重设计缺陷、上道使用审

chá bǎ guān bù yán léi jī dǎo zhì shè bèi gù zhàng hòu yìng jí
查把关不严、雷击导致设备故障后应急

chǔ zhì bù lì děng yīn sù zào chéng de zé rèn shì gù
处置不力等因素造成的责任事故。[①]

gēn jù wén zhāng huí dá wèn tí
根据文章回答问题

yǒng wēn xiàn tè bié zhòng dà tiě lù jiāo tōng shì gù fā shēng shí hòu de tiān qì zhuàng kuàng zěn me yàng
1. “7・23”甬温线特别重大铁路交通事故发生时候的天气状况怎么样？

zhè cì shì gù shì nǎ yī tàng chē zhuī wěi nǎ yī tàng chē
2. 这次事故是哪一趟车追尾哪一趟车？

cì liè chē yùn xíng dào qiān mǐ mǐ chù shí wèi shén me tíng le xià lái
3. D3115次列车运行到583千米834米处时为什么停了下来？

cì liè chē zhī dào qián miàn yǒu lìng yī tàng liè chē ma
4. D301次列车知道前面有另一趟列车吗？

zhè cì shì gù shuō míng xíng chē zǔ zhī zhòng yào bù zhòng yào
5. 这次事故说明行车组织重要不重要？

---

① 国家安监总局. “7·23”甬温线特别重大铁路交通事故调查报告[EB/OL]（2011-12-25）[2018-04-06]。

课文四 拓展阅读 2

guǎng shēn gǎng gāo tiě xiāng gǎng duàn shì yùn xíng
广深港高铁香港段试运行

nián yuè rì guǎng shēn gǎng gāo tiě xiāng gǎng
2018 年 4 月 1 日，广深港高铁香港
duàn kāi shǐ shì yùn xíng yuē míng chē zhàn rén yuán jìn
段开始试运行，约 700 名车站人员进
rù xī jiǔ lóng zǒng zhàn cè shì yíng yùn jí zhàn wù xì tǒng
入西九龙总站，测试营运及站务系统。
jù lí shí xiàn nèi dì zhì xiāng gǎng zuò zhe gāo tiě zhí jiē wǎng
距离实现内地至香港坐着高铁直接往
fǎn de zuì zhōng mù biāo zhōng yú yòu jìn le yī dà bù
返的最终目标终于又近了一大步。

yuè rì xī jiǔ lóng zhàn nèi bèi mìng míng wéi dòng
4 月 1 日，西九龙站内，被命名为“动
gǎn hào de gāo tiě zhěng qí dài fā cǐ qián gǎng tiě jǔ bàn
感号”的高铁整齐待发。此前，港铁举办
le xiāng gǎng gāo tiě mìng míng bǐ sài yāo qǐng gōng zhòng tí
了香港高铁命名比赛，邀请公众提
jiāo jiàn yì píng shěn wěi yuán huì zuì zhōng xuǎn qǔ le dòng
交建议，评审委员会最终选取了“动
gǎn hào wéi jiǔ liè xiāng gǎng gāo tiě mìng míng yù yì xiāng
感号”为九列香港高铁命名，寓意香
gǎng shì dòng gǎn zhī dū xiāng gǎng rén hé shè huì jīng jì
港是动感之都，香港人和社会经济
chōng mǎn huó lì
充满活力。

guǎng shēn gǎng gāo tiě xiāng gǎng duàn quán cháng qiān
广深港高铁香港段全长 26 千
mǐ yóu xiāng gǎng tè qū zhèng fǔ chū zī wěi tuō gǎng tiě
米，由香港特区政府出资、委托港铁

gōng sī guī huà hé jiàn shè　gāo tiě xiāng gǎng duàn shǐ zì xī
公司规划和建设。高铁香港段始自西
jiǔ lóng zhàn　jīng zhuān yòng suì dào xiàng běi yán shēn zhì luò
九龙站，经专用隧道向北延伸至落
mǎ zhōu yǔ shēn zhèn de biān jiè　yǔ nèi dì gāo tiě wǎng luò
马洲与深圳的边界，与内地高铁网络
xiāng lián jiē　gāo tiě xiāng gǎng duàn yán tú bù shè zhàn　liè
相连接。高铁香港段沿途不设站，列
chē zuì gāo yùn yíng shí sù wéi　qiān mǐ　qǐ dòng shì yùn
车最高运营时速为200千米。启动试运
xíng zhī hòu　jì huà dài gè fāng miàn dá dào kāi tōng tiáo jiàn
行之后，计划待各方面达到开通条件
hòu　zài jīn nián nián nèi kāi tōng yùn yíng
后，在今年年内开通运营。

rì qián　zài guǎng shēn gǎng gāo tiě xiāng gǎng duàn xiàng
日前，在广深港高铁香港段项
mù zhǔ yào gōng chéng jùn gōng diǎn lǐ shàng　lín zhèng yuè é
目主要工程竣工典礼上，林郑月娥
biǎo shì　gāo tiě xiāng gǎng duàn suì dào jiāng xiāng gǎng lián jiē
表示，高铁香港段隧道将香港连接
zhì cháng dá　wàn qiān mǐ de guó jiā gāo tiě wǎng luò　gāo
至长达2.5万千米的国家高铁网络，高
tiě xiāng gǎng duàn jiāng gǒng gù xiāng gǎng zuò wéi qū yù hǎi
铁香港段将巩固香港作为区域海、
lù　kōng jiāo tōng shū niǔ de dì wèi　yě lìng xiāng gǎng chōng
陆、空交通枢纽的地位，也令香港充
fèn shòu huì yú yuè gǎng ào dà wān qū jiàn shè dài lái de xié
分受惠于粤港澳大湾区建设带来的协
tóng xiào yìng hé jī yù
同效应和机遇。

guǎng shēn gǎng gāo tiě běi qǐ guǎng dōng shěng guǎng zhōu
广深港高铁北起广东省广州
shì　jīng dōng guǎn　shēn zhèn dào xiāng gǎng　quán cháng yuē
市，经东莞、深圳到香港，全长约

qiān mǐ shè guǎng zhōu nán qìng shèng hǔ mén guāng
140 千米，设广州南、庆盛、虎门、光

míng shēn zhèn běi fú tián xī jiǔ lóng děng gè chē zhàn
明、深圳北、福田、西九龙等 7 个车站。

zài zhū sān jiǎo fù dì guǎng shēn gǎng gāo tiě guǎng
在“珠三角”腹地，广深港高铁广

shēn duàn bèi mín zhòng chēng wéi xìng fú kuài chē guǎng
深段被民众称为“幸福快车”。广

zhōu dōng guǎn shēn zhèn zài zhè liè xìng fú kuài chē
州、东莞、深圳在这列“幸福快车”

de dài dòng xià tí qián jiā sù shǐ rù bàn xiǎo shí jīng jì
的带动下，提前加速驶入“半小时经济

shēng huó quān kāi tōng nián duō lái zhè tiáo gāo tiě dà
生活圈”。开通 6 年多来，这条高铁大

dà tí gāo le guǎng zhōu dōng guǎn shēn zhèn duì huá nán dì
大提高了广州、东莞、深圳对华南地

qū nǎi zhì quán guó fàn wéi de tiě lù jiāo tōng fú shè néng lì
区乃至全国范围的铁路交通辐射能力，

cù jìn le qū yù jīng jì jié gòu de tiáo zhěng hé yōu huà jiā
促进了区域经济结构的调整和优化，加

kuài le suì guǎn shēn jīng jì de zhuǎn xíng fā zhǎn
快了穗莞深经济的转型发展。

ér zài guǎng shēn gǎng gāo tiě xiāng gǎng duàn kāi tōng
而在广深港高铁香港段开通

hòu chú fú tián shēn zhèn běi hǔ mén hé guǎng zhōu nán
后，除福田、深圳北、虎门和广州南 4

gè duǎn tú zhàn wài bù xū zhuǎn chē zhí dá běi jīng shàng
个短途站外，不需转车直达北京、上

hǎi guǎng zhōu shēn zhèn wǔ hàn shàn tóu děng shí gè nèi
海、广州、深圳、武汉、汕头等十个内

dì zhǔ yào chéng shì wèi lái jīng tiě lù yóu xiāng gǎng zhì
地主要城市。未来经铁路由香港至

guǎng zhōu nán jiāng yóu xiàn zài de xiǎo shí suō duǎn zhì
广州南，将由现在的 2 小时缩短至 48

fēn zhōng yóu xiāng gǎng zhì běi jīng gèng yóu xiǎo shí suō
分钟，由香港至北京更由24小时缩
duǎn zhì xiǎo shí fēn zhōng yī tiáo wán zhěng de guǎng
短至8小时45分钟。一条完整的广
shēn gǎng gāo tiě zài guǎng zhōu dōng guǎn shēn zhèn xiāng
深港高铁在广州、东莞、深圳、香
gǎng děng chéng shì jiān dā jiàn le yī tiáo dà néng lì de tiě lù
港等城市间搭建了一条大能力的铁路
kè yùn tōng dào jiāng dà dà zēng qiáng xiāng gǎng yǔ nèi dì
客运通道，将大大增强香港与内地
jiān de jīng jì xié zuò hé jīng mào jiāo liú ràng xiāng gǎng mín
间的经济协作和经贸交流，让香港民
zhòng chū xíng gèng wéi fāng biàn kuài jié fēn xiǎng guó jiā jīng
众出行更为方便快捷，分享国家经
jì shè huì fā zhǎn dài lái de jù dà hóng lì dòng gǎn hào
济社会发展带来的巨大红利。“动感号”
jiāng dài lǐng xiāng gǎng zhēn zhèng yíng lái gāo tiě shí dài
将带领香港真正迎来“高铁时代”，
ràng xiāng gǎng zhè zuò dòng gǎn zhī dū zēng tiān xīn xuè yè
让香港这座动感之都增添新血液，
chōng mǎn xīn huó lì
充满新活力。[1]

---

① 新华网. 广深港高铁香港段试运营了 坐高铁去香港还会远吗？[EB/OL]. (2018-04-12)[2018-04-06].

第四单元　站　场

课文一　车站作业及其分类

在轨道交通运输过程中，车站起着极其重要的作用。就运输企业内部而言，车站不仅是线路上供列车到发、通过及折返等作业的**分界点**，而且也是办理客货运业务，保证行车安全和必要的通过能力进行运输生产的**基地**。就运输企业外部而言，车站是运输企业与服务对象的主要联系环节。

车站办理的作业主要包括客运作业、货运作业和行车技术作业。客运作业如办理客票的**发售**，旅客的**乘降**，行李和包裹的承运、装卸、**中转**、保管和交付，旅客的文化和生活服务等。货运作业如办理货物的承运、装车、卸车、保管与交付，担货物的中转，货运**票据**的编制与处理等。行车技术作业如办理列车的接发作业、到达技术作业和出发技术作业，列车的解体编组作业，车辆的摘挂和取送作业等。此外，车站还办理列车的交会和**越行**（避让）等。

由此可见，车站工作组织水平在很大程度上影响着铁路运输工作的数量和质量。据统计，我国铁路货车周转时间中，车辆在车站的停留时间约占 65%（未包含列车运行过程中在中间站的停留时间）。显然，改善车站作业组织是提高运输工作水平的重要环节。①

① 徐瑞华. 轨道交通系统行车组织. 北京：中国铁道出版社，2005：12.

生词

分界点	fēnjièdiǎn	point of demarcation
基地	jīdì	base
发售	fāshòu	sell
乘降	chéngjiàng	to get aboard and to get down
中转	zhōngzhuǎn	transit
票据	piàojù	ticket or receipt
越行	yuèxíng	over step the order

课文二 驼峰调车作业

驼峰是利用车辆本身所受的重力并辅以机车的推力进行车列解体的一种调车设备。驼峰由推送部分、**溜放**部分和峰顶平台三部分组成（如图 4-1 所示）。

推送部分的**坡度**是为了形成驼峰的高度和车钩的**压缩**状态；溜放部分的坡度是为了提高车组的溜行速度和造成车组间必要的安全间隔；峰顶平台则是为了**缓和**两个不同坡段的连接，防止车钩受损。

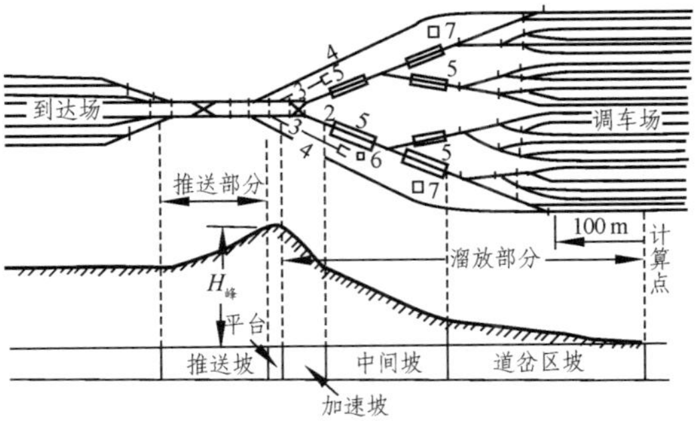

图 4-1　驼峰平纵断面图

1—推送线；2—溜放线；3—禁溜线；4—迂回线；
5—减速器；6、7—驼峰信号楼

驼峰调车具有以下特点：

一、调车动力：在驼峰上溜放调车主要靠车辆本身的重力，机车推力仅作辅助。二、**提钩**地点：在驼峰上溜放调车，提钩地点基本上限制在推送坡至峰顶的一段距离内。三、溜放速度控制：在驼峰上溜放调车，车辆溜行主要靠本身所受的重力，因此车辆**走行性能**对其溜行速度的影响比较显著。四、车组间隔调节：在驼峰上溜放调车，车组的间隔主要由车组在峰上脱钩的时间间隔来形成，并利用车辆减速器、减速顶或铁鞋来对车组的间隔进行调节。

驼峰**解体**作业过程（见图 4-2）为：机车去到达场入口端连挂车列（即挂车①），将车列推上峰顶（即推峰②），经由峰顶**分解**车列（即溜放③）。驼峰机车在分解几个车列后，可能还需要下峰整理线路上的存车（即整理④），以及处理禁溜车和交换车等作业。[①]

① 徐瑞华. 轨道交通系统行车组织[M]. 北京：中国铁道出版社，2005：69-71.

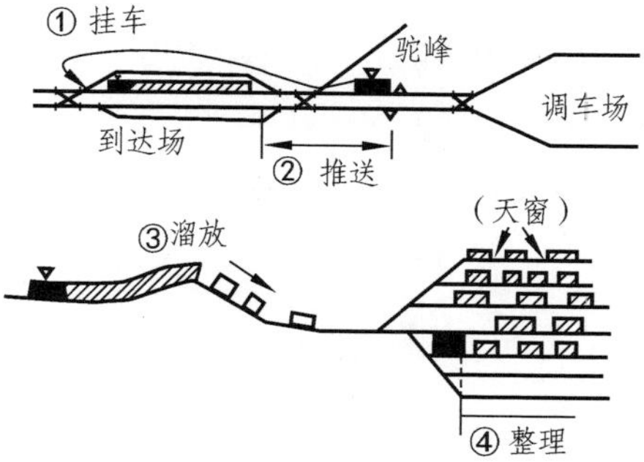

图 4-2 驼峰解体车列作业过程图

生词

驼峰	tuófēng	hump
溜放	liūfàng	to slide and release
坡度	pōdù	slope
压缩	yāsuō	compress
缓和	huǎnhé	relax
提钩	tígōu	to lift the hook or the couple which links two trains
走行性能	zǒuxíng xìngnéng	function or performance of the running or moving of the train
解体	jiětǐ	disintegrate
分解	fēnjiě	decompose

练习

一、根据拼音写词语。

fēnjièdiǎn	jīdì	chéngjiàng	zhōngzhuǎn
(　　)	(　　)	(　　)	(　　)

yuèxíng　　　tuófēng　　　liūfàng　　　yāsuō
(　　)　　　(　　)　　　(　　)　　　(　　)
pōdù　　　huǎnhé　　　zǒuxíng　　　xìngnéng
(　　)　　　(　　)　　　(　　)　　　(　　)
jiětī
(　　)

二、根据课文判断正误。

1. 车站不仅是线路上供列车到发、通过及折返等作业的分界点，而且也是办理客货运业务，保证行车安全和必要的通过能力进行运输生产的基地。(　　)

2. 作为一个运输企业，铁路同客户之间的联系主要发生在车站。(　　)

3. 车站办理的作业只包括客运作业和货运作业。(　　)

4. 车站设立饮水点，贩卖图书、报纸等是其职责以外的事情。(　　)

5. 不同列车的交汇和避让也是由车站来完成调度的。(　　)

6. 驼峰是利用车辆本身所受的重力并辅以机车的推力进行车列组合的一种调车设备。(　　)

7. 驼峰的峰顶平台比地面高。(　　)

8. 通过驼峰的车辆溜行速度主要由调车决定。(　　)

9. 铁鞋是用来给溜放车减速的。(　　)

10. 利用驼峰分解车列的时候，先牵出车列，再将车列推到峰顶分解。(　　)

三、根据课文填空。

1. 车站__________是线路上供列车到发、通过及折返等作业的分界点，__________也是办理客货运业务，保证行车安全和必要的通过能力进行运输生产的基地。

2. 行车技术作业如办理列车的____________、__________和出发技术作业，列车的解体编组作业，车辆的_________和取送作业等。

3. __________，车站工作组织水平在很大程度上影响着铁路运输工作的数量和质量。

4. 驼峰的峰顶平台是为了__________两个不同坡段的连接，__________车钩受损。

5. 驼峰机车在__________几个车列后，可能还需要下峰整理线路上的存车。

四、将下列词语组成句子。

1. 是　车站　分界点　供　列车　通过及折返　到发　的

2. 车站工作　数量和质量　组织水平　在　影响着　铁路运输工作的　很大程度上

3. 由　驼峰　组成　推送部分　和　溜放部分　峰顶平台　三部分

4. 主要　　在　　重力　　驼峰上　　溜放调车　　靠　　车辆本身的

5. 主要由　　车组的　　间隔　　脱钩的时间　　在峰上　　间隔　　来形成　　车组

五、将适当的词语连在一起。

形成	货物	旅客的	解体
起	水平	行李的	填写
中转	间隔	票据的	承运
提高	作用	车列的	乘降

课文三　拓展阅读 1

yī zhàn yī jǐng
一 站 一 景

jìn nián lái zài tiě lù zhàn diǎn huò dì tiě zhàn diǎn de xiū
近年来，在铁路站点或地铁站点的修
jiàn fēng gé fāng miàn yī zhàn yī jǐng de jiàn zhù lǐ niàn yuè
建风格方面，“一站一景”的建筑理念越
lái yuè shòu dào huān yíng yī zhàn yī jǐng shì zhǐ měi yī gè
来越受到欢迎。“一站一景”是指每一个

zhàn diǎn de zhàn fáng wài guān yǐ jí shì nèi zhuāng huáng dōu
站点的站房外观以及室内装潢都
yǒu tè bié de shè jì zhǔ tí zhè xiē shè jì zhǔ tí wǎng wǎng
有特别的设计主题。这些设计主题往往
tóng chē zhàn dāng dì de fēng jǐng míng shèng huò lì shǐ wén huà
同车站当地的风景名胜或历史文化
xiāng guān nián yuè kāi tōng de chéng yú gāo tiě yán xiàn
相关。2015年12月开通的成渝高铁沿线
gè gè chē zhàn jiù shì yī zhàn yī jǐng lǐ niàn de tǐ xiàn
各个车站就是“一站一景”理念的体现。

chéng yú gāo tiě qǐ zì chéng dōu dōng zhàn yī cì tú jīng
成渝高铁起自成都东站，依次途经
jiǎn yáng nán zhàn zī yáng běi zhàn zī zhōng běi zhàn nèi
简阳南站、资阳北站、资中北站、内
jiāng běi zhàn lóng chāng běi zhàn róng chāng běi zhàn dà zú
江北站、隆昌北站、荣昌北站、大足
nán zhàn yǒng chuān dōng zhàn bì shān zhàn zuì hòu dǐ dá
南站、永川东站、璧山站，最后抵达
zhōng diǎn zhàn chóng qìng běi zhàn
终点站重庆北站。

zī yáng běi zhàn fāng àn qǔ zì tuó jiāng de jiāng jǐng
资阳北站方案取自沱江的江景，
zhěng gè zhàn fáng yóu rú yī fú měi lì de jiāng jǐng huà zhàn
整个站房犹如一幅美丽的江景画，站
fáng zhèng lì miàn jiàn biàn de héng xiàn tiáo yóu rú tuó jiāng
房正立面渐变的横线条犹如沱江
shuǐ liǎng cè de wū dǐng yóu rú piāo zài jiāng shàng de mù
水，两侧的屋顶犹如飘在江上的木
chuán zhèng shàng fāng de suō zǐ xíng dà wū dǐng yù yì wéi
船，正上方的梭子形大屋顶寓意为
lǜ yè yóu rú tuó jiāng jiāng jǐng liǎng àn de lǜ shù
绿叶，犹如沱江江景两岸的绿树。

nèi jiāng shì dāng jīn shì jiè zuì xiǎng shèng míng de guó
内江是当今世界最享盛名的国

huà dà shī zhāng dà qiān de chū shēng dì nèi jiāng běi zhàn
画大师张大千的出生地。内江北站
jiàn zhù shè jì gài niàn yǐ huī sǎ dà qiān wéi zhǔ tí
建筑设计概念以“挥洒大千”为主题,
cǎi yòng dà qì de xíng tǐ piāo yì de qū xiàn biǎo xiàn
采用大气的形体、飘逸的曲线,表现
zhāng dà qiān yòng bǐ de shōu fàng zhuǎn zhé bǐ mò nóng
张大千用笔的收放转折、笔墨浓
dàn xiāng yí bǐ lì qiú jìn de tè diǎn
淡相宜、笔力遒劲的特点。

lóng chāng xiàn yǒu qīng shí wén huà quán qīng shí jiē dào
隆昌县有青石文化,全青石街道、
qīng shí qiáo qīng shí gōng yuán qīng shí diāo sù yǒu duō gè
青石桥、青石公园、青石雕塑,有多个
páng dà de shí pái fāng jiàn zhù qún bèi chēng wéi zhōng guó
庞大的石牌坊建筑群,被称为“中国
shí pái fāng zhī xiāng lóng chāng běi zhàn de zào xíng yǐ pái
石牌坊之乡”。隆昌北站的造型以牌
fāng zào xíng wéi yī jù tí chū fāng xīng lóng chāng de gài
坊造型为依据,提出“坊兴隆昌”的概
niàn yù yì zhàn fáng jiàn shè shǐ lóng chāng xīng wàng fā dá
念,寓意站房建设使隆昌兴旺发达。
lóng chāng běi zhàn zào xíng jiǎn jié dà qì tǐ xiàn dāng dì pái
隆昌北站造型简洁大气,体现当地牌
fāng wén huà róng rù dì yù jiàn zhù tè sè
坊文化,融入地域建筑特色。

dà zú nán zhàn de wū miàn qǐ fú de qū xiàn yī qì hē
大足南站的屋面起伏的曲线一气呵
chéng shū zhǎn líng dòng zhàn fáng shè jì yǐ dà zú shí kè hé
成,舒展灵动。站房设计以大足石刻和
hǎi táng xiāng guó wéi zhǔ tí tǐ xíng shuò dà xióng hún guāng
海棠香国为主题,体形硕大雄浑,光
yǐng qǐ fú jiāo cuò yǔ shí diāo xiāng dé yì zhāng zào xíng rú
影起伏交错,与石雕相得益彰。造型如

fó zǔ shǒu niān hǎi táng huā　yǒu fó de chán yì　yòu yǒu hǎi
佛祖手拈海棠花，有佛的禅意，又有海
táng huā de yōng róng huá guì
棠花的雍容华贵。

yǒng chuān　chá shān zhú hǎi fēng guāng yǐ nǐ　jiāo xiāng
永川，茶山竹海风光旖旎，交相
yìng chèn　xíng chéng le yǒng chuān dú tè de chá zhú wén huà
映衬，形成了永川独特的茶竹文化
hé chéng shì fēng mào　yǒng chuān dōng zhàn cǎi yòng　chá zhú
和城市风貌。永川东站采用“茶竹
yǒng chuān　de shè jì gài niàn　zhuó zhòng tǐ xiàn jiàn zhù
永川”的设计概念，着重体现建筑
yōu yǎ de qì zhì hé yǒu jī shēng zhǎng de gǎn jué　liú dòng
优雅的气质和有机生长的感觉。流动
de tiān jì xiàn　jì dìng xìng le jiàn zhù yōu měi de qì zhì　yòu
的天际线，既定性了建筑优美的气质，又
shì yìng le chóng qìng yǒng chuān de shān dì dì mào　liú dòng
适应了重庆永川的山地地貌；流动
xiàng shàng de lì miàn yóu rú cóng chéng shì lǐ shēng zhǎng
向上的立面犹如从城市里生长
chū lái yī yàng　jù yǒu jí qiáng de shēng mìng lì　xì shū de
出来一样，具有极强的生命力；细疏的
yùn lǜ hé jié zòu biàn huà　chōu xiàng yú qīng yǎ tuō sú de zhú
韵律和节奏变化，抽象于清雅脱俗的竹
zǐ hé féi měi fù ráo de chá yùn　xiàng zhēng zhe yǒng chuān
子和肥美富饶的茶韵，象征着永川
zhēng zhēng rì shàng de fā zhǎn tài shì hé chōng mǎn huó lì
蒸蒸日上的发展态势和充满活力
de měi hǎo wèi lái
的美好未来。①

① 本篇自第三段至最后一段引自：四川新闻网. 成渝高铁一站一景 每个站点外观设计有深意[EB/OL]. http://scnews.newssc.org/system/20151209/000627853.htm.（2015-12-09）[2018-04-06].

gēn jù wén zhāng huí dá wèn tí
根据文章回答问题

yī zhàn yī jǐng shì yī zhǒng shén me lǐ niàn
1. "一站一景"是一种什么理念？

chéng yú gāo tiě de qǐ diǎn zhàn hé zhōng diǎn zhàn fēn bié shì nǎ lǐ
2. 成渝高铁的起点站和终点站分别是哪里？

nèi jiāng zhàn de shè zhì zhǔ tí tóng zhāng dà qiān yǒu shén me guān xì
3. 内江站的设置主题同张大千有什么关系？

dà zú nán zhàn de shè jì zhǔ tí tóng shén me xiāng guān
4. 大足南站的设计主题同什么相关？

yǒng chuān zhàn de shè jì zhǔ tí shì shén me
5. 永川站的设计主题是什么？

课文四 拓展阅读 2

hán dōng lǐ de rè huǒ
寒冬里的热火

chuān zàng tiě lù sāng zhū lǐng suì dào guàn tōng cè jì
——川藏铁路桑珠岭隧道贯通侧记[1]

张京品、张平根

lóng dōng shí jié xī zàng shān nán shì sāng rì xiàn sāng
隆冬时节，西藏山南市桑日县桑

① 新华网．寒冬里的热火——川藏铁路桑珠岭隧道贯通侧记[EB/OL].（2018-01-17）[2018-04-06]. http://www.xinhuanet.com/2018-01/17/c_1122274791.htm.

jiā xiá gǔ qū chuān zàng tiě lù lā lín duàn sāng zhū lǐng suì
加峡谷区，川藏铁路拉林段桑珠岭隧

dào jiāng yíng lái guàn tōng qián de zuì hòu bào pò
道将迎来贯通前的最后爆破。

rì shí xǔ jì zhě lái dào hǎi bá mǐ de sāng zhū
17日7时许，记者来到海拔3 572米的桑珠

lǐng suì dào shī gōng xiàn chǎng shí tiān hái shì yī piàn qī hēi
岭隧道施工现场时，天还是一片漆黑。

gāo yuán dōng jì de zǎo chén hán qì bī rén jǐn guǎn
高原冬季的早晨寒气逼人，尽管

chuān zhe hòu hòu de mián yī hé chōng fēng yī jì zhě yī rán
穿着厚厚的棉衣和冲锋衣，记者依然

gǎn dào cì gǔ de lěng dàn jìn rù suì dào qián shī gōng rén
感到刺骨的冷。但进入隧道前，施工人

yuán quàn jì zhě tuō diào mián yī yīn wèi suì dào nèi wài
员劝记者脱掉棉衣——因为隧道内外

wēn chā dá dào yǐ shàng
温差达到40 °C以上。

jì zhě qū chē jìn rù suì dào qián xíng dà yuē mǐ
记者驱车进入隧道，前行大约1 100米

hòu lái dào sāng zhū lǐng suì dào zuì hòu bào pò diǎn de qǐ bào
后，来到桑珠岭隧道最后爆破点的起爆

diǎn yī xià chē gǔn gǔn rè làng pū miàn ér lái dùn shí gǎn
点。一下车，滚滚热浪扑面而来，顿时感

jué xiōng mèn qì duǎn hū xī kùn nán bù yī huì ér é tóu
觉胸闷气短，呼吸困难。不一会儿，额头

shàng jiù zhí mào hàn chèn shān yě shī tòu le
上就直冒汗，衬衫也湿透了。

qǐ bào diǎn xuán guà de wēn dù jì xiǎn shì dòng nèi wēn
起爆点悬挂的温度计显示，洞内温

dù yǐ chāo guò zhōng tiě wǔ jú sāng zhū lǐng suì dào
度已超过30 °C。中铁五局桑珠岭隧道

xiàng mù fù zé rén zhū xū rén shuō rú guǒ méi yǒu jiàng wēn
项目负责人朱胥仁说：“如果没有降温
cuò shī wēn dù zhì shǎo hái yào gāo chū shí jǐ dù
措施，温度至少还要高出十几度。”

sāng zhū lǐng suì dào shǔ yú wǒ guó tiě lù jiàn shè shǐ
桑珠岭隧道属于我国铁路建设史
shàng hǎn jiàn de gāo yán wēn suì dào yán wēn zuì gāo dá
上罕见的高岩温隧道，岩温最高达
jiē jìn xī zàng kāi shuǐ de fèi diǎn dòng nèi huán jìng
89.9 °C，接近西藏开水的沸点，洞内环境
wēn dù zuì gāo dá shì mù qián quán guó tiě lù suì dào
温度最高达 56 °C，是目前全国铁路隧道
shī gōng guò chéng zhōng yù dào de zuì gāo yán wēn
施工过程中遇到的最高岩温。

lái zì hú nán de wā jué gōng rén féng jiàn xīng quán chéng
来自湖南的挖掘工人冯建兴全程
cān yù le sāng zhū lǐng suì dào de jiàn shè tā shuō suì dào
参与了桑珠岭隧道的建设。他说：“隧道
wài shì hán lěng de dōng tiān chuān de shì mián yī mián kù suì
外是寒冷的冬天，穿的是棉衣棉裤；隧
dào lǐ què shì yán rè de kù shǔ yào guāng zhe bǎng zi gàn
道里却是炎热的酷暑，要光着膀子干。”

yīn wèi wēn dù gāo yī xiē gōng rén dài zhe jī dàn jìn rù
因为温度高，一些工人带着鸡蛋进入
suì dào zuì kuài shí jǐ fēn zhōng jiù néng kǎo shú shòu gāo
隧道，最快十几分钟就能烤熟。受高
wēn yǐng xiǎng shī gōng rén yuán zài zuò yè qū chí xù gōng zuò
温影响，施工人员在作业区持续工作
de shí jiān bù chāo guò xiǎo shí shèn zhì gèng duǎn yǒu de
的时间不超过 2 小时甚至更短，有的
yī jìn rù zuò yè miàn jiù chū xiàn xiōng mèn ǒu tǔ shèn zhì
一进入作业面就出现胸闷、呕吐甚至

hūn jué xiàn xiàng
昏厥现象。

wèi què bǎo gōng rén shī gōng ān quán xiàng mù zhǐ huī bù
为确保工人施工安全，项目指挥部
tōng guò shè zhì jiē lì fēng jī jiā qiáng tōng fēng ān zhuāng
通过设置接力风机加强通风、安装
zì dòng pēn lín xì tǒng sǎ shuǐ dòng nèi fàng zhì bīng kuài
自动喷淋系统洒水、洞内放置冰块
děng cuò shī jiàng dī dòng nèi wēn dù bìng gěi gōng rén men
等措施降低洞内温度，并给工人们
zài suì dào nèi shè lì kōng tiáo fáng měi yuè fā fàng
在隧道内设立空调房，每月发放1 000
yuán de gāo wēn bǔ tiē
元的高温补贴。

zhū xū rén shuō guò qù xiū zhù suì dào yī bān jǐn xū yào
朱胥仁说，过去修筑隧道一般仅需要
zhì gēn tōng fēng guǎn dàn sāng zhū lǐng suì dào yī hào
1至2根通风管，但桑珠岭隧道一号
héng dòng zēng jiā dào le gēn cǐ wài xiàng mù bù měi tiān
横洞增加到了5根。此外，项目部每天
wǎng suì dào nèi yùn sòng dūn bīng kuài rú guǒ àn zhào
往隧道内运送200吨冰块。如果按照
yī gēn bīng gùn kè jì suàn xiāng dāng yú měi tiān chī
一根冰棍100克计算，相当于每天吃
diào wàn gēn bīng gùn
掉200万根冰棍。

sāng zhū lǐng suì dào shī gōng hái zāo yù le yán zhòng de
桑珠岭隧道施工还遭遇了严重的
yán bào jù liǎo jiě yán bào dì duàn cháng dá qiān mǐ wā
岩爆。据了解，岩爆地段长达9.5千米。挖
jué gōng rén chéng yīng bīn shuō yán bào jiù xiàng dì zhèn yī
掘工人程英彬说：“岩爆就像地震一

yàng méi yǒu rèn hé zhēng zhào suì dào nèi bù yán céng tū rán
样，没有任何征兆，隧道内部岩层突然
jiù huì chū xiàn yán kuài tán shè pāo shè de qíng kuàng gǎn xiè
就会出现岩块弹射、抛射的情况。感谢
xiàng mù bù yán jiū le yī tào fáng yán bào cuò shī cái shǐ xiàng
项目部研究了一套防岩爆措施，才使项
mù méi yǒu fā shēng yī qǐ yán bào shòu shāng shì gù
目没有发生一起岩爆受伤事故。”

rì zǎo chén diǎn duō shī gōng rén yuán jiù lái dào
17日早晨6点多，施工人员就来到
bào pò diǎn lián jiē hǎo qǐ bào xiàn lù suí zhe qǐ bào shí jiān
爆破点，连接好起爆线路。随着起爆时间
lín jìn xiàn chǎng rén yuán dài shàng kǒu zhào sāi zhù ěr kǒng
临近，现场人员戴上口罩，塞住耳孔。

shí fēn xiàng mù ān quán zǒng jiān yuán jiǎ xiàn
10时18分，项目安全总监袁甲现
chǎng zhǐ huī zhǔn bèi jiù xù kě yǐ qǐ bào dùn shí
场指挥："准备就绪，可以起爆。"顿时，
suì dào nèi chuán lái lóng lóng pào xiǎng yǒng chū gǔn gǔn nóng
隧道内传来隆隆炮响，涌出滚滚浓
yān jí shí tōng fēng hòu shī gōng rén yuán suí jí qián wǎng
烟。及时通风后，施工人员随即前往
bào pò xiàn chǎng qīng lǐ suì shí
爆破现场清理碎石。

suì shí qīng lǐ wán bì hòu qǐ bào diǎn rén yuán huān hū
碎石清理完毕后，起爆点人员欢呼
zhe yǒng xiàng qīng lǐ xiàn chǎng hé gōng yǒu men yōng bào
着涌向清理现场，和工友们拥抱
zài yī qǐ lā qǐ rè liè qìng zhù zhōng tiě wǔ jú lā lín tiě
在一起，拉起"热烈庆祝中铁五局拉林铁
lù sāng zhū lǐng suì dào shèng lì guàn tōng de héng fú huī
路桑珠岭隧道胜利贯通"的横幅，挥

wǔ zhe dǎng yuán xiān fēng duì lā lín xiān fēng hào de
舞着“党员先锋队”“拉林先锋号”的
xiān hóng qí zhì gòng xiǎng zhè yī jī dòng rén xīn de shí kè
鲜红旗帜，共享这一激动人心的时刻。

lái zì guì zhōu shěng kǎi lǐ shì zhèn yuǎn xiàn qīng xī
来自贵州省凯里市镇远县青溪
zhèn dōng mén cūn de biān lín biān jiàn xiōng dì liǎ céng cān
镇东门村的边林、边建兄弟俩，曾参
jiā qīng zàng tiě lù jiàn shè zhè cì yòu quán chéng cān jiā le
加青藏铁路建设，这次又全程参加了
sāng zhū lǐng suì dào xiū jiàn bèi gōng yǒu men chēng wéi tiě
桑珠岭隧道修建，被工友们称为“铁
lù xiōng dì
路兄弟”。

dì dì biān jiàn sān nián chūn jié dōu méi yǒu huí jiā guò
弟弟边建三年春节都没有回家过
nián tā shuō kàn dào zì jǐ xiū jiàn de suì dào quán suì
年，他说：“看到自己修建的隧道全隧
guàn tōng hěn jī dòng yǒu yī zhǒng chéng jiù gǎn zhè yī
贯通，很激动，有一种成就感。这一
kè wǒ děng le hěn jiǔ le jīn nián wǒ zhōng yú kě yǐ huí jiā
刻我等了很久了，今年我终于可以回家
guò nián le
过年了。”

zhū xū rén shuō jīng guò tiān de jǐn zhāng shī gōng
朱胥仁说，经过 1 125 天的紧张施工，
sāng zhū lǐng suì dào shùn lì shí xiàn guàn tōng bǐ yù dìng jiàn
桑珠岭隧道顺利实现贯通，比预定建
shè gōng qī tí qián le gè yuè bèi hòu shì duō míng
设工期提前了 6 个月，背后是 1 200 多名
shī gōng rén yuán de jiān xīn fù chū
施工人员的艰辛付出。

shí xǔ jì zhě chuān shàng hòu hòu de mián yī zǒu
11 时许，记者穿上厚厚的棉衣，走
chū sāng zhū lǐng suì dào zhǐ jiàn tài yáng zhào yào zài sāng jiā
出桑珠岭隧道，只见太阳照耀在桑加
xiá gǔ jiù xiàng gōng rén men huǒ rè de láo dòng jī qíng wēn
峡谷，就像工人们火热的劳动激情，温
nuǎn zhe xuě yù gāo yuán de lóng dōng
暖着雪域高原的隆冬。

第五单元　运量与经济调查

课文一　发展迅猛的中国运输业

改革开放以来，我国交通运输业的规模、质量、**技术装备**水平在最近的 15 年中发生了**巨大**的变化，取得了辉煌的成就。交通运输事业有了很大的发展，形成了铁路、公路、水运、**民用航空**和**管道**运输共同组成的**综合运输网**，为我国交通运输业的发展奠定了坚实的**基础**。

1978 年，我国完成货运量仅为 24.9 亿吨。而 1998 年全国**货运量**达到 126.4 亿吨，相比 1978 年增长 4.1 倍。其中，铁路增长 46.4%，公路和水运分别增长 10.5 倍和 153.1%。同年，全国旅客运量完成 137.7 亿人，相当于全国平均每人旅行 11.03 次。

在运输量稳步**增长**的同时，运输结构逐步**改善**。铁路运输尽管仍保持着运输主力的重要作用，但在各种运输方式中的**比重**开始下降。公路、水运和民航的**潜力**得到发挥，所占比重不断上升。其他运输方式和运输能力的快速提高，减轻了铁路运输的**压力**，使铁路运输的紧张状况得到较大**缓解**。

进入 21 世纪，中国进入了新的经济增长期。国民经济的增长速度对交通运输产生了较大的需求，也促使了交通运输的快速发展。2001 至 2004 年货运量和货物**周转量**分别增长了 4.1%和 9.8%左右，约比 1996 至 2000 年货运量和货物周转量增长速度提高了 2.2 和 5.5 个百分点。总体来看，随着国民经济的持续快速增长和人民生活水平的日益提高，我国的客货运量呈现增长的**趋势**。

生词

技术装备	jìshù zhuāngbèi	technology equipment
巨大	jùdà	huge
民用航空	mínyòng hángkōng	aviation for civil use
管道	guǎndào	pipeline
综合运输网	zōnghé yùnshūwǎng	synthesize transportation network
基础	jīchǔ	basis
货运量	huòyùnliàng	quantity of goods shipment
增长	zēngzhǎng	increase
改善	gǎishàn	improve
比重	bǐzhòng	proportion
潜力	qiánlì	potential
压力	yālì	pressure
缓解	huǎnjiě	reliver
周转量	zhōuzhuǎnliàng	volume of the circular flow
趋势	qūshì	trend

课文二　金融危机后的中国交通

2008 年的金融危机使得交通运输业形势不容乐观。之后在 2009 年中国政府启动积极的财政和货币政策，出台**经济刺激**计划，大力支持铁路等基础项目建设。

在大规模投资的带动下，我国交通运输的线路网络和客货运量均快速增长。各种运输方式的**总里程**从 2005 年的 558.64 万千米增加到 2010 年的 704.27 万千米。2011 年全国公路水路完成客运量 330.3 亿人，旅客周转量 16 806.8 亿人每千米、货运量 323.7 亿吨、货物周转量 126 529.4 亿吨公里。2013 年，交通运输实现**平稳**较快增长。全年货物运输总量为 451 亿吨，比上年增长 9.9%。全年旅客运输总量 402 亿人次，比上年分别增长 5.6%。

未来 5 年，交通运输发展仍处于重要战略机遇期，要按照**适度超前**原则，统一安排各种运输方式发展，继续保持交通基础设施的建设速度和规模，努力扩大基础设施覆盖范围和服务能力，提高服务质量，降低消耗，保护环境，实现交通运输的又好又快发展。

生词

经济刺激	jīngjì cìjī	economic stimulate
总里程	zǒnglǐchéng	totally mileage
平稳	píngwěn	stable
适度	shìdù	appropriate measure
超前	chāoqián	exceed

练习

一、根据拼音写词语。

zǒnglǐchéng（ ）　qiánlì（ ）　huòyùnliàng（ ）

mínyòng hángkōng（ ）　jìshù zhuāngbèi（ ）　qūshì（ ）

zōnghé yùnshūwǎng（ ）　huǎnjiě（ ）　pànduàn（ ）

shìfàng（ ）

二、根据课文判断正误。

1. 我国交通运输业基本形成了铁路、公路、水运、民用航空等四种运输方式共同组成的综合运输网。（ ）

2. 1998 年我国货运量达到 126.4 亿吨，相比 1978 年增长 4.1 倍。（ ）

3. 公路、水运和民航的运输能力的快速提高，减轻了长期以来铁路运输的压力，使铁路运输运力紧张状况得到较大缓解。

4. 2001—2004 年货运量增长了 4.1%左右，约比 1996—2000 年货运量提高了 5.5 个百分点。（ ）

5. 十一届三中全会以后，社会运输量大增，1998 年铁路增长 46.4%，公路和水运分别增长 10.5 倍和 153.1%。（ ）

6. 2008 年金融危机的大背景使得交通运输业形势不容乐观，但我国在 2009 年紧急启动积极的财政和货币政策，经济刺激计划

出台，大力支持铁路等基础项目建设。(　　)

7. 尤其是近几年，我国铁路客货运量始终处于快速发展的状态。(　　)

三、根据课文填空。

1. 铁路运输仍保持着运输主力的重要作用，但在各种运输方式中比重开始下降，公路、______和______的潜力开始得到发挥，所占比重不断上升。

2. 随着国民经济的______增长和人民生活水平的日益提高，我国的客货运量呈现______上升的趋势。

3. 未来 5 年，交通运输发展仍处于______机遇期，要按照适度超前原则，继续保持______的建设速度和规模，提高______，降低消耗，保护______，实现交通运输的又好又快发展。

四、将下列词语组成句子。

1. 在最近的　水平　交通运输业的　发生　15 年　巨大的　技术装备　我国　规模　质量　了　变化

2. 运输量　同时　运输结构　在　逐步　稳步增长　的　改善逐步

3. 客货运量　增长　我国　的　呈现　趋势　的

4. 重要　仍　交通运输发展　机遇期　处于　战略　未来 5 年

五、将适当的词语连接在一起。

奠定	要求	缓解	环境
减轻	运输结构	产生	紧张
提出	基础	平稳	需求
改善	压力	保护	增长

课文三　拓展阅读 1

jiāo tōng fèi yòng yǔ chéng shì huà jìn chéng
交通费用与城市化进程

chéng shì huà de zhòng yào biǎo xiàn wéi rén kǒu de qiān
城市化的重要表现为人口的迁
yí qiān yí chéng běn zhǔ yào wéi jiāo tōng fèi yòng jiāo tōng
移。迁移成本主要为交通费用。交通

fèi yòng jì bāo hán lǚ xíng fèi　yòu bāo hán wèi qiān yí jìn
费用既包含旅行费，又包含为迁移进
xíng zhǔn bèi hé zuì zhōng wán chéng qiān yí suǒ zhī fù de gè
行准备和最终完成迁移所支付的各
zhǒng jiāo tōng fèi yòng　wǒ guó jū mín qiān yí gèng duō de
种交通费用。我国居民迁移更多地
biǎo xiàn wéi cóng xiǎo chéng shì xiàng dà chéng shì　cóng nóng
表现为从小城市向大城市、从农
cūn xiàng chéng shì de qiān yí　zhè shì yī gè xiàng shàng de
村向城市的迁移，这是一个向上的
shè huì xìng liú dòng
社会性流动。

jiāo tōng fèi yòng duì yú bù tóng shōu rù rén qún zài chū
交通费用对于不同收入人群在出
xíng lù xiàn xuǎn zé shàng de yǐng xiǎng shì bù tóng de　dà tǐ
行路线选择上的影响是不同的。大体
shàng shuō　gāo shōu rù rén qún de xuǎn zé jiào duō de kǎo lǜ
上说，高收入人群的选择较多地考虑
jiāo tōng lù xiàn hé gōng jù de fāng biàn xìng hé shū shì xìng
交通路线和工具的方便性和舒适性。
dī shōu rù rén qún yī bān qíng kuàng xià huì xuǎn zé fèi yòng
低收入人群一般情况下会选择费用
dī de jiāo tōng gōng jù huò lù xiàn
低的交通工具或路线。

gèng wéi fāng biàn hé shū shì de jiāo tōng gōng jù zài tí
更为方便和舒适的交通工具在提
gōng biàn lì de tóng shí　qí gāo áng de jiāo tōng fèi yòng yì
供便利的同时，其高昂的交通费用亦
zhì zào le xǔ duō bù biàn　shǐ chéng xiāng lián xì pín lǜ hé
制造了许多不便，使城乡联系频率和
chéng shì kāi fàng xìng jiàng dī　chéng shì duì wài wéi nóng cūn
城市开放性降低，城市对外围农村
de jīng jì wén huà yǐng xiǎng lì jiǎn ruò　qiān yí chéng běn de
的经济文化影响力减弱。迁移成本的

tí gāo bù dàn duì chéng xiāng rén kǒu de qiān yí gòu chéng le
提高不但对城乡人口的迁移构成了
jí dà zhì yuē ér qiě duì yú dà chéng shì jū mín xiàng chéng
极大制约，而且对于大城市居民向城
shì biān yuán hé wài wéi zhōng xiǎo chéng shì de qiān yí jū zhù
市边缘和外围中小城市的迁移居住
xíng chéng le yī dìng xiàn zhì zài mǒu zhǒng chéng dù shàng
形成了一定限制，在某种程度上
ruò huà le rén men de chū xíng dòng jī jiǎn shǎo le chéng
弱化了人们的出行动机，减少了城
xiāng jū mín jiē chù yǔ jiāo liú jī huì duì chéng xiāng jīng jì
乡居民接触与交流机会，对城乡经济
hé shè huì fā zhǎn zào chéng le yī dìng yǐng xiǎng
和社会发展造成了一定影响。

jiāo tōng yùn shū yè shì guó mín jīng jì de jī chǔ chǎn
交通运输业是国民经济的基础产
yè tā de fā zhǎn guān hū zhe qí tā chǎn yè de fā zhǎn
业，它的发展关乎着其他产业的发展。
cháng qī yǐ lái wǒ guó chéng shì jiāo tōng yǐ jí chéng xiāng
长期以来，我国城市交通以及城乡
jiān jiāo tōng yùn shū shǐ zhōng bǐ jiào jǐn zhāng jī běn shàng
间交通运输始终比较紧张，基本上
dōu shì yǐ shì yìng xū qiú de fāng shì fā zhǎn rú hé zài jiě
都是以适应需求的方式发展。如何在解
jué dāng qián jiāo tōng yōng jǐ wèn tí de tóng shí zuò dào jiāo
决当前交通拥挤问题的同时，做到交
tōng xiān xíng fā huī yǐn dǎo zuò yòng jiā kuài chéng shì zhōng
通先行，发挥引导作用，加快城市中
xīn dì qū rén kǒu hé chéng shì gōng néng de shū jiě shì dāng
心地区人口和城市功能的疏解，是当
qián jí dài jiě jué de wèn tí
前亟待解决的问题。

gēn jù wén zhāng huí dá wèn tí
根据文章回答问题

yǔ dī shōu rù rén qún xiāng bǐ gāo shōu rù rén qún zài
1. 与低收入人群相比，高收入人群在
jiāo tōng chū xíng lù xiàn shàng yǒu nǎ xiē bù tóng
交通出行路线上有哪些不同？

gāo áng de jiāo tōng fèi yòng zhì zào le shén me yàng
2. 高昂的交通费用制造了什么样
de bù biàn
的不便？

wǒ guó jū mín qiān yí de biǎo xiàn shì shén me
3. 我国居民迁移的表现是什么？

wǒ guó chéng shì jiāo tōng yǐ jí chéng xiāng jiān jiāo
4. 我国城市交通以及城乡间交
tōng yùn shū de jù dà tiāo zhàn shì shén me
通运输的巨大挑战是什么？

课文四　拓展阅读 2

zhōng guó shǒu tiáo chāo jí gāo sù gōng lù nián yào tōng chē bù yòng dān xīn chāo sù
中国首条超级高速公路 2022 年要通车不用担心超速[1]

zhè jiāng shěng yào jiàn shè quán guó shǒu tiáo chāo jí gāo
浙江省要建设全国首条超级高

① 中华网. 中国首条超级高速公路 2022 年要通车不用担心超速[EB/OL].（2018-02-24）[2018-04-06] http://news.china.com/domestic/945/20180224/32121115.html.

sù gōng lù zhè tiáo jiāng yào jiàn shè de chāo jí gāo sù gōng
速公路。这条将要建设的超级高速公
lù shì yǐ jīng fēn duàn pī fù de háng yǒng fù xiàn gāo sù gōng
路是已经分段批复的杭甬复线高速公
lù háng shào yǒng gāo sù gōng lù gāi gōng lù jiāng jù bèi
路——杭绍甬高速公路，该公路将具备
zhì néng kuài sù lǜ sè ān quán sì dà yào sù
智能、快速、绿色、安全四大要素。

zài zhè tiáo chāo jí gāo sù gōng lù shàng jiāng gòu jiàn
在这条超级高速公路上，将构建
dà shù jù qū dòng de zhì huì yún kòng píng tái tōng guò zhì
大数据驱动的智慧云控平台。通过智
néng xì tǒng chē liàng guǎn kòng yǒu xiào tí shēng gāo sù
能系统、车辆管控，有效提升高速
gōng lù yùn xíng sù dù zài mù qián píng jūn sù dù qiān mǐ
公路运行速度，在目前平均速度90千米/
xiǎo shí de jī chǔ shàng shǐ chē sù tí shēng
小时的基础上，使车速提升 20% ~ 30%；
gòu jiàn rén chē lù xié tóng xì tǒng yuǎn qī jiāng quán miàn
构建人、车、路协同系统，远期将全面
zhī chí zì dòng jià shǐ bìng jié hé wú xiàn chōng diàn jì shù
支持自动驾驶，并结合无线充电技术
shí xiàn biān xíng chē biān chōng diàn
实现边行车边充电。

zhè jiāng shěng jiāo tōng yùn shū tīng xiāng guān fù zé rén
浙江省交通运输厅相关负责人
biǎo shì zhì néng de hé xīn lǐ niàn jiù shì yào gòu jiàn rén chē
表示，智能的核心理念就是要构建人车
lù xié tóng zōng hé gǎn zhī tǐ xì gòu jiàn lù wǎng zōng hé
路协同综合感知体系，构建路网综合
yùn xíng jiān cè yǔ yù jǐng xì tǒng
运行监测与预警系统。

mù qián zhè jiāng lèi sì gāo sù gōng lù shí jì píng jūn
“目前浙江类似高速公路实际平均

yùn xíng sù dù dà yuē zài qiān mǐ xiǎo shí yuǎn dī yú shí
运行速度大约在90千米/小时，远低于时
sù qiān mǐ de xiàn sù ér tōng guò zhì néng xì tǒng hé
速120千米的限速。而通过智能系统和
chē liàng guǎn kòng chāo jí gāo sù gōng lù de xíng chē sù dù
车辆管控，超级高速公路的行车速度
jiāng dà dà tí gāo jìn qī mù biāo shì shǐ píng jūn sù dù tí
将大大提高，近期目标是使平均速度提
shēng jiē jìn shè jì sù dù cǐ wài jiè jiàn dé
升20%～30%，接近设计速度。此外，借鉴德
guó gāo sù gōng lù bù xiàn sù yì dà lì zuì gāo xiàn sù
国高速公路不限速，意大利最高限速150
qiān mǐ xiǎo shí de xiāng yìng jì shù biāo zhǔn wèi háng shào
千米/小时的相应技术标准，为杭绍
yǒng gāo sù yuǎn qī tū pò qiān mǐ xiǎo shí de shè jì sù
甬高速远期突破120千米/小时的设计速
dù yù liú tǔ jiàn jì shù zhǐ biāo gāi fù zé rén shuō
度预留土建技术指标。”该负责人说。

qì chē wèi lái de fā zhǎn fāng xiàng shì diàn dòng huà
汽车未来的发展方向是电动化，
chāo jí gāo sù gōng lù zài shè jì zhōng zì rán yě kǎo lǜ
超级高速公路在设计中自然也考虑
dào zhè yī diǎn gāi fù zé rén jiè shào jìn qī de mù biāo
到这一点。该负责人介绍，近期的目标
shì tōng guò tài yáng néng fā diàn lù miàn guāng fú fā
是通过太阳能发电、路面光伏发
diàn chā diàn shì chōng diàn zhuāng diàn liàng de bǔ chōng
电，插电式充电桩电量的补充，
wèi diàn dòng chē tí gōng chōng diàn fú wù yuǎn qī de mù
为电动车提供充电服务。远期的目
biāo shì shí xiàn yí dòng shì de wú xiàn chōng diàn yī biān
标是实现移动式的无线充电，一边
kāi chē yī biān chōng diàn
开车一边充电。

zài zhì néng huà de jī chǔ shàng chāo jí gāo sù gōng lù
在智能化的基础上，超级高速公路
jiāng tí gāo xì tǒng ān quán xìng mù biāo shì bǎ shì gù wēi
将提高系统安全性，目标是把事故危
hài jiàng dào zuì dī jìn qī shí xiàn gāo sù gōng lù quán tiān
害降到最低。近期实现高速公路全天
hòu ān quán kuài sù tōng xíng yuǎn qī jī yú gāo jīng dìng
候安全快速通行。远期基于高精定
wèi chē lù xié tóng wú rén jià shǐ děng zōng hé jiē rù xì
位、车路协同、无人驾驶等综合接入系
tǒng shí xiàn líng sǐ wáng yuàn jǐng
统，实现零死亡愿景。

gāi fù zé rén hái biǎo shì zhè jiāng zài chuàng xīn de tóng
该负责人还表示，浙江在创新的同
shí jiān gù xīn jì shù xīn cái liào de jīng jì shì yòng xìng shǐ
时兼顾新技术、新材料的经济适用性，使
chāo jí gāo sù gōng lù de jiàn shè jù yǒu shì fàn xìng hé kě
超级高速公路的建设具有示范性和可
fù zhì xìng
复制性。

gēn jù guī huà chāo jí gāo sù gōng lù jiāng yú nián
根据规划，超级高速公路将于 2022 年
háng zhōu yà yùn huì qián jiàn chéng
杭州亚运会前建成。

第六单元　机　械

课文一　铁路机械

机械是让人们工作和生活更轻松的工具，比如筷子、梯子等物品都可以被称为机械，它们是简单机械。两种或两种以上的简单机械就可以构成复杂机械，也叫作机器。它可以把**能量**从一个地方**传递**到另一个地方，它能改变物体的形状**结构**，创造出新的物品。所有的现代产业和工程都需要使用机械，连人们的日常生活，也越来越离不开各种机械，如汽车、自行车、钟表、照相机、洗衣机、冰箱、空调机等。

各类工程的发展都有自己需要的机械。新机械的发明，又会引起新的工程技术和新的产业的出现和发展，比如机车的发明就带来了铁路工程和铁路事业的出现和发展。机车是人类历史上最重要的机械交通工具。要使机车运行，就必须要有铁路。铁路的**施工**和**维护**又都离不开机械，所以，铁路机械又分为铁路施工机械和铁路**养护**机械。

铁路施工机械是修建铁路使用的机械，可以分为路基施工机械、隧道施工机械、桥梁施工机械和铺轨机械等。

路基施工机械是修建铁路路基使用的机械。隧道施工机械是**开**

挖隧道使用的机械，不同的隧道施工方法会采用不同的施工机械。桥梁施工机械是桥梁施工用的机械，包括桥梁基础施工机械和桥梁**架设**机械。**铺轨**机械是铺设轨道使用的机械。

铁路养护机械是养护修理铁路线路使用的机械，也叫养路机械。

生词

机械	jīxiè	machine
能量	néngliàng	energy
传递	chuándì	transmit
结构	jiégòu	structure
施工	shīgōng	construction
维护	wéihù	maintenance
养护	yǎnghù	maintenance
开挖	kāiwā	excavate
架设	jiàshè	erect, build(bridge)
铺轨	pūguǐ	lay the track

课文二　高速铁路机械设备

现在，我们正在进入高铁时代，高铁的修建也离不开大量的机械**设备**。修建普通铁路的工程机械设备都可以用在高铁建设上，但在**起重**设备方面却有特别的要求。

比如，在修建高铁车站的时候，因为这种车站大量采用**钢结构**

和**网架结构**，质量巨大，所以需要使用**履带式起重机**和**全地面起重机**等起重能力大的工程起重机。

更重要的不同还在桥梁的建设上。高铁设计大量采用了桥梁，高铁建设也就需要大量专门用来架设桥梁的机械设备。铁路桥梁的建设主要依靠专用大型施工设备。高铁要保证列车高速、平稳地运行，桥梁构造也更特别，它们的质量非常大，运输不方便，所以在施工中一般不会在工厂中制作，而是在施工现场制作，再通过运架提设备安装。运架提设备是指运送、架设、提起物体的机械，包括**移梁机**（也称运梁机）、**架桥机**、**提梁机**。因此，运架提设备是高速铁路桥梁建设的关键设备，也是主要设备。

生词

设备	shèbèi	equipment
起重	qǐzhòng	hoist
钢结构	gāngjiégòu	steel construction
网架结构	wǎngjià jiégòu	space truss structure
履带	lǚdài	pedrail
起重机	qǐzhòngjī	crane
履带式起重机	lǚdàishì qǐzhòngjī	crawler crane
全地面起重机	quándìmiàn qǐzhòngjī	all-terrain crane
移梁机（运梁机）	yíliángjī	grider carrier
架桥机	jiàqiáojī	bridge grider erection machine
提梁机	tíliángjī	gantry crane

练习

一、根据拼音写词语。

jīxiè ( ) néngliàng ( ) jiégòu ( ) shīgōng ( ) wéihù ( )

yǎnghù ( ) kāiwā ( ) jiàshè ( ) pūguǐ ( ) shèbèi ( )

qǐzhòngjī ( ) gāngjiégòu ( ) wǎngjià jiégòu ( )

lǚdài ( ) yíliángjī ( ) jiàqiáojī ( ) tíliángjī ( )

二、根据课文判断正误。

1. 筷子、梯子是简单机械。( )
2. 简单机械可以构成复杂机械。( )
3. 不是所有的现代产业和工程都需要使用机械。( )
4. 机车的发明带来铁路事业的发展。( )
5. 铁路施工离不开机械，铁路维护不一定需要机械。( )
6. 修建普通铁路的机械设备不可以用在高铁建设上。( )
7. 在修建高铁车站的时候，需要使用起重能力大的工程起重机。( )
8. 高铁建设需要大量专门用来架设桥梁的机械设备。( )
9. 高铁建设中的桥梁质量非常大，一般会在工厂中制作完成，再通过运架提设备安装。( )

三、根据课文填空。

1. ________是让人们工作和生活更轻松的工具，比如筷子、梯子等物品是______________。两种或两种以上的__________就可以构成________________，也叫作机器。

2. _______是人类历史上最重要的_______。

3. 铁路机械分为____________和__________________。

4. ____________是修建铁路使用的机械，______________是修建铁路路基使用的机械，__________________是开挖隧道使用的机械，________________是桥梁施工用的机械，____________是铺设轨道使用的机械。___________________是养护修理铁路线路使用的机械，也叫____________________________。

5. 高铁的修建离不开大量的机械设备，在___________方面有特别的要求。在修建高铁车站的时候，因为这种车站大量采用钢结构和网架结构，质量巨大，所以需要使用______________等起重能力大的工程起重机。

6. 运架提设备是指______________________________的机械，包括__________________________。因此，运架提设备是高速铁路桥梁建设的关键设备，也是主要设备。

四、将适当的词语连接在一起。

传递	结构	开挖	轨道
改变	桥梁	修建	路基
架设	铁路	发明	隧道
维护	能量	铺设	机械

课文三　拓展阅读 1

gāo tiě jī xiè shī de yī tiān
高 铁 机 械 师 的 一 天

yī liè gāo sù liè chē zěn me què bǎo ān quán yùn xíng
一 列 高 速 列 车 怎 么 确 保 安 全 运 行
ne ràng wǒ men lái kàn kàn fù zé liè chē ān quán de gāo
呢 ？ 让 我 们 来 看 看 负 责 列 车 安 全 的 高
tiě jī xiè shī men de gōng zuò ba
铁 机 械 师 们 的 工 作 吧。

nián yuè rì wǎn jī xiè shī xiǎo zhāng jiē dào
2015 年 11 月 10 日 晚 ， 机 械 师 小 张 接 到
tōng zhī dì èr tiān cóng guǎng zhōu nán dào cháng shā de tiě
通 知， 第 二 天 从 广 州 南 到 长 沙 的 铁
lù xiàn lù kě néng cún zài wèn tí líng chén liǎng diǎn tā kāi
路 线 路 可 能 存 在 问 题。 凌 晨 两 点 ， 他 开
shǐ duì jí jiāng chū fā de dòng jiǎn chē jìn xíng dì yī lún jiǎn
始 对 即 将 出 发 的 动 检 车 进 行 第 一 轮 检
chá líng chén diǎn guò hòu zhè tiáo xiàn lù de quán tiān
查。 凌 晨 4 点 过 后 ， 这 条 线 路 的 全 天
shǒu cì liè chē chū fā le xiǎo zhāng yào gēn zhe zhè liè chē
首 次 列 车 出 发 了， 小 张 要 跟 着 这 列 车
jiǎn cè cóng guǎng zhōu nán dào cháng shā de xiàn lù
检 测 从 广 州 南 到 长 沙 的 线 路。

dòng jiǎn chē shàng méi yǒu chéng kè yī bān zhī yǒu sī
动 检 车 上 没 有 乘 客， 一 般 只 有 司
jī hé jī xiè shī děng gōng zuò rén yuán tā men hù xiāng pèi
机 和 机 械 师 等 工 作 人 员 ， 他 们 互 相 配

hé jí shí jiāng liè chē yùn xíng qíng kuàng huì bào gěi diào dù
合，及时将列车运行情况汇报给调度
shì dòng jiǎn chē yào zài zài kè liè chē yùn xíng qián duì jiāng
室。动检车要在载客列车运行前，对将
yào jīng guò de měi yī cùn xiàn lù jìn xíng cè shì jiǎn chá xiàn
要经过的每一寸线路进行测试，检查线
lù yùn xíng zhì liàng néng fǒu mǎn zú yāo qiú guǐ dào zhōu biān
路运行质量能否满足要求，轨道周边
huán jìng shì fǒu ān quán tā yào sǎo chú zài rén dòng chē zài
环境是否安全，它要扫除载人动车在
lù shàng kě néng yù dào de suǒ yǒu yǐn huàn yīn cǐ yě yǒu
路上可能遇到的所有隐患。因此也有
rén jiāng jī xiè shī chēng wéi gāo tiě de bǎo biāo
人将机械师称为高铁的“保镖”。

xiǎo zhāng shuō rú guǒ fā xiàn wèn tí dòng jiǎn chē
小张说：“如果发现问题，动检车
jiù yào jí shí tíng chē jiě jué qián miàn de dòng jiǎn chē wǎn
就要及时停车解决，前面的动检车晚
diǎn hòu miàn de liè chē dōu yào wǎn diǎn gāo tiě liè chē
点，后面的列车都要晚点。”高铁列车
jī běn dōu zài bái tiān yùn xíng tiě lù yī wǎn shàng méi yǒu
基本都在白天运行，铁路一晚上没有
xíng shǐ jiù huì yǒu ān quán yǐn huàn ér zhè xiē yǐn huàn zài
行驶就会有安全隐患，而这些隐患在
zài rén liè chē shàng lù qián jiù yǐ bèi dòng jiǎn chē pái chú le
载人列车上路前就已被动检车排除了。

zī liào lái yuán nán fāng dū shì bào nián yuè
（资料来源：《南方都市报》2016 年 1 月 21
rì yǒu shān gǎi
日，有删改）

gēn jù wén zhāng huí dá wèn tí
根据文章回答问题

dòng jiǎn chē shàng dōu yǒu shén me rén
1. 动检车上都有什么人？

dòng jiǎn chē de gōng zuò shì shén me
2. 动检车的工作是什么？

wèi shén me rén men bǎ jī xiè shī chēng wéi gāo tiě de bǎo biāo
3. 为什么人们把机械师称为高铁的“保镖”？

课文四　拓展阅读 2

zhōng guó shì shì jiè shàng jī xiè fā zhǎn zuì zǎo de guó jiā zhī yī zhōng guó gǔ dài de jī xiè fā míng zài xiàn jīn kē xué lǐng yù dāng zhōng dōu shì lìng rén zàn tàn bù yǐ de yīng guó lǐ yuē sè bó shì céng xiě guò yī běn míng jiào zhōng guó zhī kē xué yǔ wén míng de zhù zuò qí zhōng liè jǔ le liú chuán dào ōu zhōu de zhōng guó gǔ dài èr shí liù zhǒng fā míng qí zhōng gǔ dài jī xiè jiù zhàn shí bā zhǒng zhī duō lì rú hòu fēng dì dòng yí shuǐ yùn yí xiàng tái zhǐ nán chē

中国是世界上机械发展最早的国家之一，中国古代的机械发明在现今科学领域当中都是令人赞叹不已的。英国李约瑟博士曾写过一本名叫《中国之科学与文明》的著作，其中列举了流传到欧洲的中国古代二十六种发明，其中古代机械就占十八种之多，例如候风地动仪、水运仪像台、指南车、

zhū gě liàng de mù niú liú mǎ jí fēi tiān mù yuān děng zhè xiē
诸葛亮的木牛流马及飞天木鸢等，这些
jī xiè bù jǐn shí yòng ér qiě jié gòu qiǎo miào jīn tiān de gōng
机械不仅实用，而且结构巧妙。今天的工
chéng shī hé kē xué jiā men shì tú lì yòng xiàn jīn kē xué lǐ
程师和科学家们试图利用现今科学理
lùn fāng shì qù tuī dǎo jiě shì què fā xiàn gǔ dài jī xiè de ào
论方式去推导解释，却发现古代机械的奥
miào jié gòu shì xiàn yǒu kē xué guān niàn wú fǎ jiě xī de yú
妙结构是现有科学观念无法解析的，于
shì zhè xiē qí yì de gǔ dài jī xiè réng rán jǐn jǐn liú cún zài
是这些奇异的古代机械仍然仅仅留存在
chuán shuō zhōng
传说中。

zhǐ nán chē
1. 指南车

zhǐ nán chē yòu chēng sī nán chē shì yī zhǒng yòng lái
指南车，又称司南车，是一种用来
biàn rèn fāng xiàng de yí qì chuán shuō zhōng zhǐ nán chē shì
辨认方向的仪器，传说中指南车是
yóu yuǎn gǔ shí qī de huáng dì fā míng de huáng dì yǔ chī
由远古时期的黄帝发明的。黄帝与蚩
yóu dà zhàn chī yóu shī zhǎn fǎ shù yǐn lái kuáng fēng dà wù
尤大战，蚩尤施展法术，引来狂风大雾，
mí màn sì fāng huáng dì de jūn duì wú fǎ fēn biàn fāng xiàng
迷漫四方，黄帝的军队无法分辨方向。
yú shì huáng dì zhì zuò zhǐ nán chē yǐ zhǐ shì sì gè fāng wèi
于是黄帝制作指南车，以指示四个方位，
jiù zhè yàng qín huò le chī yóu
就这样擒获了蚩尤。

shǐ shū yòu jì zǎi le sān guó shí wèi guó mǎ jūn zhì zuò
史书又记载了三国时魏国马钧制作

le sī nán chē chē shàng yǒu yī xiǎo rén qí shǒu zhǐ de fāng
了司南车，车上有一小人，其手指的方
xiàng wéi nán fāng zhǐ nán chē shì cǎi yòng chǐ lún de yuán lǐ
向为南方。指南车是采用齿轮的原理
zhì zuò bìng méi yǒu shǐ yòng cí jí
制作，并没有使用磁极。

mù niú liú mǎ
2. 木牛流马

zhōng guó zhù míng gǔ dài xiǎo shuō sān guó yǎn yì jiǎng
中国著名古代小说《三国演义》讲
shù le shǔ hàn shí qī de zhū gě liàng wèi le zài sì chuān qí
述了蜀汉时期的诸葛亮为了在四川崎
qū dǒu qiào de shān lù shàng yùn sòng liáng cǎo fā míng le
岖陡峭的山路上运送粮草，发明了
yī zhǒng bèi chēng wéi mù niú liú mǎ de jiāo tōng gōng jù
一种被称为“木牛流马”的交通工具。
qí zài zhì liàng wéi yī suì liáng sì bǎi jīn yǐ shàng měi
其载质量为“一岁粮”，四百斤以上，每
rì kě xíng jǐ shí lǐ lù wèi shǔ guó shí wàn dà jūn tí gōng
日可行几十里路，为蜀国十万大军提供
liáng shí ér qiě mù niú liú mǎ kǒu zhōng de shé tóu shì yī gè
粮食。而且木牛流马口中的舌头是一个
jī guān jí shǐ dí rén dào zǒu yě wú fǎ shǐ yòng zhè me
机关，即使敌人盗走也无法使用。这么
shén qí de yùn shū gōng jù bìng fēi jǐn jǐn shì xiǎo shuō de xū
神奇的运输工具，并非仅仅是小说的虚
gòu zài shǐ shū shàng yě yǒu jì zǎi bǐ rú nán qí shū zǔ
构，在史书上也有记载，比如《南齐书·祖
chōng zhī zhuàn jiù jì zǎi yǐ zhū gě liàng yǒu mù niú liú
冲之传》就记载：“以诸葛亮有木牛流
mǎ nǎi zào yī qì bù yīn fēng shuǐ shī jī zì yùn bù láo
马，乃造一器，不因风水，施机自运，不劳
rén lì
人力。”

fēi xíng mù yuān
3. 飞行木鸢

fēi xíng mù yuān shì yī zhǒng huì fēi de jī qì niǎo yòng
飞行木鸢是一种会飞的机器鸟，用
mù cái zuò chéng nèi shè jī guān néng zài kōng zhōng fēi
木材做成，内设机关，能在空中飞
xíng zhàn guó shí dài lǔ bān yǔ mò zǐ dōu céng zhì zào mù
行。战国时代，鲁班与墨子都曾制造木
què huò mù yuān yǐ zhēn chá zhàn zhēng de qíng kuàng yǔ xiàn
鹊或木鸢以侦查战争的情况，与现
dài wú rén fēi jī zhēn chá dí rén qíng bào fēi cháng xiāng sì
代无人飞机侦查敌人情报非常相似。
dào hàn dài zhāng héng yě zào chū le fēi xíng mù niǎo rán
到汉代，张衡也造出了飞行木鸟，然
ér mù zhì de fēi xíng yǐn qíng jī xiè jié gòu shì rú hé gōng
而，木制的飞行引擎机械结构是如何工
zuò de què yī zhí shì gè wèi zhī de mí tuán
作的却一直是个未知的迷团。

mù zhì wǔ dǎo rén
4. 木制舞蹈人

jù liè zǐ tāng wèn jì zǎi xī zhōu shí zhōu mù wáng
据《列子·汤问》记载：西周时，周穆王
xiàng xī chū xún céng yù jiàn yī míng jiào yǎn shī de qiǎo
向西出巡，曾遇见一名叫偃师的巧
jiàng zhì zuò le kě yǐ xiàng zhēn rén yī yàng gē wǔ de jī xiè
匠，制作了可以像真人一样歌舞的机械
rén zòu qǐ yīn lè jī xiè rén biàn kāi shǐ gē wǔ wǔ zī hé
人。奏起音乐，机械人便开始歌舞，舞姿和
gē shēng qiān biàn wàn huà wú bù hé hū jié pāi yùn lǜ mù
歌声千变万化，无不合乎节拍韵律。穆
wáng jiào lái qī qiè yī tóng guān shǎng biǎo yǎn jí jiāng jié
王叫来妻妾一同观赏，表演即将结

shù shí gē wǔ zhě dīng zhe mù wáng de qī qiè kàn ràng mù
束时，歌舞者盯着穆王的妻妾看，让穆
wáng dà nù huái yí zhè shì yī gè zhēn rén yǎn shī lì kè pōu
王大怒，怀疑这是一个真人，偃师立刻剖
kāi tā de shēn tǐ ràng mù wáng guān kàn qí nèi bù quán shì
开它的身体让穆王观看，其内部全是
yóu pí gé mù liào jiāo shuǐ qī liào hé qí tā yī xiē hēi
由皮革、木料、胶水、漆料和其他一些黑、
bái hóng qīng de wù jiàn gòu chéng chóng xīn zǔ hé zhī hòu
白、红、青的物件构成。重新组合之后，
yòu rú gāng cái yī yàng néng gē wǔ le
又如刚才一样能歌舞了。

jī guān shū zhuāng tái
5. 机关梳妆台

jù gǔ jí jì wén jì zǎi táng xuán zōng kāi yuán chū
据古籍《纪闻》记载，唐玄宗开元初
nián dōng hǎi jùn de mǎ dài fēng gěi huáng hòu zhì zào le yī
年，东海郡的马待封给皇后制造了一
zuò shū zhuāng tái zhōng jiān shì jìng tái tái xià liǎng céng
座梳妆台。中间是镜台，台下两层，
dōu zhuāng yǒu mén huáng hòu yào shū zhuāng shí dǎ kāi
都装有门。皇后要梳妆时，打开
zhuāng jìng de xiá zi tái xià de mén huì zì dòng dǎ kāi yǒu
装镜的匣子，台下的门会自动打开，有
yī wèi mù zhì fù rén zǒu chū lái wèi huáng hòu dì shàng shū
一位木制妇人走出来，为皇后递上梳
xǐ yòng de máo jīn shū bì miàn zhī dìng zhuāng fěn méi
洗用的毛巾、梳篦、面脂、定妆粉、眉
bǐ děng huà zhuāng yòng pǐn sòng wán hòu mù fù rén yòu huí
笔等化妆用品，送完后，木妇人又回
dào mén lǐ mén yòu zì dòng guān bì hǎo
到门里，门又自动关闭好。

shuǐ shì tú jīng shuǐ shàng jī xiè wán jù
6.《水饰图经》——水上机械玩具

suí yáng dì céng mìng xué shì dù bǎo biān xiě le yī tào
隋炀帝曾命学士杜宝编写了一套
shuǐ shì tú jīng gòng juàn shuǐ shì tú jīng jì
《水饰图经》，共15卷。《水饰图经》记
zǎi le zhǒng shuǐ shàng jī xiè wán jù dāng shí de zhù míng
载了72种水上机械玩具。当时的著名
qiǎo jiàng huáng shuāi néng zhì zuò zhè xiē yóu mù cái diāo kè
巧匠黄衰能制作这些由木材雕刻、
yòng shuǐ lì cāo zòng de jī xiè wán jù wán jù zhōng de rén
用水力操纵的机械玩具。玩具中的人
wù gāo chǐ chǐ mǐ zuǒ yòu hái yǒu niǎo shòu
物高2尺（1尺≈0.33米）左右，还有鸟、兽、
chóng yú děng gè zhǒng dòng wù dōu néng suí zhe shuǐ de liú
虫、鱼等各种动物，都能随着水的流
dòng ér yùn xíng hái yǒu zhī yòng shuǐ lì dài dòng xíng shǐ
动而运行。还有12只用水力带动行驶
de xiǎo chuán měi zhī chuán cháng zhàng zhàng
的小船，每只船长1丈（1丈≈3.33
mǐ kuān chǐ shàng miàn yǒu mù rén yǎn zòu gè zhǒng yuè
米），宽6尺，上面有木人演奏各种乐
qì yǒu de jī qìng yǒu de tán zhōng yǒu de tán zhēng yǒu
器，有的击磬，有的弹钟，有的弹筝，有
de gǔ sè dōu fú hé yuè lǜ hái yǒu mù rén biǎo yǎn gè zhǒng
的鼓瑟，都符合乐律。还有木人表演各种
zá jì rú tóng zhēn rén yī yàng lìng wài hái yǒu zhī xiǎo
杂技，如同真人一样。另外还有7只小
yóu tǐng shàng yǒu mù rén néng wèi rén zhēn jiǔ zhēn jiǔ chuán
游艇，上有木人能为人斟酒。斟酒船
měi dào yǒu bīn kè de àn biān huì zì dòng tíng xià shǒu ná
每到有宾客的岸边，会自动停下，手拿
jiǔ bēi de mù rén zài chuán tóu shēn shǒu jiāng zhēn mǎn de jiǔ
酒杯的木人，在船头伸手将斟满的酒

bēi dì gěi bīn kè kè rén yǐn wán jiǔ hòu jiāng kōng bēi huán
杯递给宾客。客人饮完酒后，将空杯还

gěi mù rén mù rén jiē guò kōng bēi hòu zhuǎn shēn cóng pěng
给木人。木人接过空杯后，转身从捧

zhe jiǔ bō de mù rén nà ér ná guò mù sháo zài jiāng kōng bēi
着酒钵的木人那儿拿过木杓，再将空杯

zhēn mǎn jiǔ
斟满酒。

zhè xiē shén qí de gǔ dài jī xiè lìng jīn tiān de rén men
这些神奇的古代机械令今天的人们

hào qí bù yǐ jiū jìng shì zhēn shì jiǎ liú dài hòu lái de rén
好奇不已，究竟是真是假，留待后来的人

men bù tíng tàn suǒ
们不停探索。

第七单元　车　辆

课文一　车　辆

火车是人类历史上最重要的交通工具之一，1804 年，英国造出了世界上第一台**蒸汽机车**，时速 5 至 6 千米，因为用煤或木柴做**燃料**，所以人们都叫它为“火车”。现在的火车是指在铁路轨道上行驶的**车辆**，有多节车厢，可以运送旅客和货物。

根据不同的目的和用途，火车有很多不同类型的车辆，但它们的结构基本相同，都可以分为**车体**和**车底架**、**走行部**、**车钩缓冲装置**、**制动装置**、车辆内部设备六个部分。

一、车体及车底架

运送旅客或货物的部分叫作车体，也就是我们常说的车厢，它被**固定**在一个个长方形的车底架上。

二、走行部

走行部是**安装**在车底架下部，**承受**车辆质量并在钢轨上行驶的部分。

三、车钩缓冲装置

车钩缓冲装置由车钩及缓冲器等**部件**组成，安装在车底架两端，其作用是把多个车体连到一起，成为一组列车，并减小车体之间的**冲击**。

四、制动装置

制动装置是保证列车安全运行的最重要部分，使高速运行中的车辆能在规定距离内停车或减速。

五、车辆内部设备

车内设备主要指客车上为旅客提供的设备，如客车上的**座席**、**卧铺**、**行李架**等。

（资料来源：百度百科）

生词

蒸汽机车	zhēngqì jīchē	steam locomotive
燃料	ránliào	fuel
车辆	chēliàng	rolling stock
车体	chētǐ	car body
车底架	chēdǐjià	frame
走行部	zǒuxíngbù	running gear
车钩	chēgōu	coupler
车钩缓冲装置	chēgōu huǎnchōng zhuāngzhì	coupler and draft gear
制动装置	zhìdòng zhuāngzhì	braking apparatus

固定	gùdìng	fix
安装	ānzhuāng	erect, install
承受	chéngshòu	support
部件	bùjiàn	component, parts
冲击	chōngjī	shock
座席	zuòxí	seat
卧铺	wòpù	sleeper, sleeping berth
行李架	xínglǐjià	luggage rack

课文二　高铁车辆

高速列车的运行，大大提高了人们出行的**效率**，人们常常称赞乘坐高铁快速、安全又舒适，但是，你知道吗？为了这一点，高速列车的车辆设计标准比普通列车严格得多。

首先，我们来看看高铁对车体的要求。要提高速度，就要减少车体的质量，同时还要保证安全，所以，高速列车的车体多采用又轻又**耐磨**的**铝合金**材料。而且，为了加快速度，减少空气**阻力**，车头和车辆外形要求**流线化**，所以人们常常称这种车辆为“**子弹头**”。另外，为了减小高速造成的**噪声**，提高乘坐的舒适性，车体还必须有很好的**隔音性**；最后，高速列车还要求提高车体的**气密性**，因为当高速列车通过隧道，或两列高速列车**会车**时，车外的**气压**在短时间内会产生很大的变化，如果车体**密封**不好，这种气压的变化就会让旅客的耳朵感觉到很不舒服，大大影响乘坐列车的舒适性。

再来说说高速列车的走行部要求：同样要减轻自身质量，同时还要加强稳定性。

同时，为了提高乘坐舒适性，高速列车对缓冲装置的要求也更高。

最后，再来看看高速列车的制动。由于高速列车的速度快，要在规定的时间和距离内使列车停止运行，普速列车的制动方式是远远不够的，所以高速列车必须采用**复合制动系统**，使用多种制动方式，保证制动系统的安全和制动时乘客的舒适性。

生词

效率	xiàolǜ	efficiency
耐磨	nàimó	anti-friction; wear-resisting
铝合金	lǚhéjīn	aluminium alloy
阻力	zǔlì	resistance
流线化	liúxiànhuà	streamline
子弹头	zǐdàntóu	bullet (train)
噪声	zàoshēng	noise
隔音性	géyīnxìng	acoustical insulation
气密性	qìmìxìng	airtightness
会车	huìchē	trains/vehicles cross each other
气压	qìyā	air pressure
密封	mìfēng	seal
复合	fùhé	composite
制动系统	zhìdòng xìtǒng	braking system

练习

一、根据拼音写词语。

chēliàng ( )　zhēngqì jīchē ( )　ránliào ( )　chētǐ ( )

chēdǐjià ( )　zǒuxíngbù ( )　chēgōu huǎnchōng zhuāngzhì ( )

zhìdòng zhuāngzhì ( )　gùdìng ( )　ānzhuāng ( )　bùjiàn ( )

chōngjī ( )　zuòxí ( )　wòpù ( )　xínglǐjià ( )

xiàolǜ ( )　nàimó ( )　lǚhéjīn ( )　zǔlì ( )　liúxiànhuà ( )

zǐdàntóu ( )　zàoshēng ( )　géyīnxìng ( )　qìmìxìng ( )

huìchē ( )　qìyā ( )　mìfēng ( )　fùhé zhìdòng xìtǒng ( )

二、根据课文判断正误。

1. 世界上第一台火车，时速仅有 5 至 6 千米。(　　)

2. 现在的火车是指在铁路轨道上行驶的蒸汽机车，有多节车厢，可以运送旅客和货物。(　　)

3. 不同类型的火车，结构都基本相同，可以分为车体和车底架、走行部、车钩缓冲装置、制动装置、车辆内部设备六个部分。(　　)

4. 车钩缓冲装置是保证列车安全运行的最重要部分，使高速运行中的车辆能在规定距离内停车或减速。(　　)

5. 高速列车的车体采用又轻又耐磨的铝合金材料是为了减少车体的质量，提高车速，同时还保证了行车安全。(　　)

6. 人们常常称高速列车为“子弹头”列车，是因为这种列车的车头和车辆外形流线化，很像一颗子弹。(　　)

7. 为了提高乘坐舒适性，高速列车对车体的隔音性、气密性、缓冲装置、制动系统的要求都比普通列车高。(　　)

三、根据课文填空。

1. 根据不同的目的和用途，火车有很多不同类型的车辆，但它们的结构基本相同，都可以分为________________________________六个部分。

2. 运送旅客或货物的部分叫作____________，也就是我们常说的__________，它被固定在一个个长方形的________________上。

3. 安装在车底架下部，承受车辆质量并在钢轨上行驶的部分叫______________。

4. ____________________________安装在车底架两端，由车钩及缓冲器等部件组成，把多个车体连成列车，并能减小车体之间的冲击。

5. ____________________________使高速运行中的车辆能在规定距离内停车或减速。

6. 客车上的车辆内部设备有____________________等。

7. 为了减小高速造成的噪声，提高乘坐的舒适性，车体还必须有很好的______________；为了在高速列车穿过隧道或会车的时候让旅客的耳朵感觉到更舒服，车体还必须有很好的__________。

8. 由于高速列车的速度快，要在规定的时间和距离内使列车停止运行，高速列车必须采用__________________，使用多种制动方式，保证制动系统的安全和制动时乘客的舒适性。

四、将适当的词语连接在一起。

安装	设备	提高	冲击
承受	车体	加强	阻力
连接	质量	减少	舒适性
提供	部件	减小	噪声

课文三　拓展阅读 1

huǒ chē fā zhǎn jiǎn shǐ
火 车 发 展 简 史

nián　yī gè jiào qiáo zhì　sī dì fēn sūn de hái zi
1781 年，一个叫乔治·斯蒂芬孙的孩子

chū shēng zài yīng guó zhí dào suì tā hái bù shí zì tā
出生在英国，直到 18 岁，他还不识字，他
bù gù bié rén de cháo xiào hé qī bā suì de hái zi yī qǐ zuò
不顾别人的嘲笑，和七八岁的孩子一起坐
zài jiào shì lǐ xué xí nián tā kāi shǐ zhì zào zhēng qì
在教室里学习。1810 年，他开始制造蒸汽
jī chē
机车。

nián yī gè míng jiào dé lǐ wéi sī kè de yīng guó
1804 年，一个名叫德里维斯克的英国
rén shǒu xiān zào chū le shì jiè shàng dì yī tái zhēng qì jī
人，首先造出了世界上第一台蒸汽机
chē zhè tái jī chē hěn jiǎn dān zhǐ néng qiān yǐn jié chē
车。这台机车很简单，只能牵引 5 节车
xiāng shí sù wéi zhì qiān mǐ ér zhēn zhèng de zhēng qì
厢，时速为 5 至 6 千米，而真正的蒸汽
jī chē shì yóu shǐ dì fēn sūn fā míng de zhè zhǒng chē yīn
机车是由史蒂芬孙发明的。这种车因
wèi shǐ yòng méi tàn huò mù chái zuò rán liào suǒ yǐ rén men
为使用煤炭或木柴做燃料，所以人们
dōu jiào tā huǒ chē nián sī dì fēn sūn zhǔ chí xiū
都叫它“火车”。1817 年，斯蒂芬孙主持修
jiàn cóng lì wù pǔ dào màn chè sī tè zhè yī tiáo wán quán kào
建从利物浦到曼彻斯特这一条完全靠
zhēng qì jī yùn shū de tiě lù xiàn huǒ chē kāi shǐ bēn chí zài
蒸汽机运输的铁路线，火车开始奔驰在
rén lèi de lì shǐ wǔ tái shàng
人类的历史舞台上。

zhè zhǒng zuì zǎo de zhēng qì jī chē yǒu yī gè hěn
这种最早的蒸汽机车有一个很
dà de quē diǎn jiù shì bì xū zài tiě lù yán xiàn shè zhì jiā
大的缺点，就是必须在铁路沿线设置加
méi shuǐ de shè shī hái yào zài yùn yíng zhōng huā dà liàng
煤、水的设施，还要在运营中花大量

shí jiān wèi jī chē tiān jiā méi hé shuǐ zài shì jì mò
时间为机车添加煤和水。在19世纪末，
xǔ duō kē xué jiā kāi shǐ yán jiū diàn lì hé rán yóu jī chē
许多科学家开始研究电力和燃油机车。
shì jiè shàng dì yī liè zhēn zhèng zài tiě guǐ shàng xíng shǐ
世界上第一列真正在铁轨上行驶
de zhēng qì huǒ chē shì yóu gōng chéng shī chá lǐ cí lǐ
的蒸汽火车是由工程师查理磁里
wéi xī kè shè jì de zhè liè huǒ chē zài nián yuè
维西克设计的。这列火车在1840年2月
rì shì chē kōng chē shí shí sù qiān mǐ zài zhòng
22日试车，空车时，时速20千米，载重
shí měi xiǎo shí qiān mǐ bù xìng huǒ chē de zhì liàng
时，每小时8千米。不幸，火车的质量
yā kuǎ le tiě guǐ
压垮了铁轨。

nián dé guó xī mén zǐ diàn qì gōng sī yán zhì le
1879年，德国西门子电气公司研制了
dì yī tái diàn lì jī chē zhòng yuē qiān kè nián
第一台电力机车，重约954千克。1903年10
yuè rì xī mén zǐ yǔ tōng yòng diàn qì gōng sī yán zhì de
月27日，西门子与通用电气公司研制的
dì yī tái shí yòng diàn lì jī chē tóu rù shǐ yòng nián
第一台实用电力机车投入使用。1894年，
dé guó yán zhì chéng gōng le dì yī tái qì yóu nèi rán jī chē
德国研制成功了第一台汽油内燃机车，
dàn zhè zhǒng jī chē shāo qì yóu huā fèi tài guì nián
但这种机车烧汽油，花费太贵。1924年，
dé měi fǎ děng guó chéng gōng yán zhì le chái yóu nèi rán jī
德、美、法等国成功研制了柴油内燃机
chē bìng zài shì jiè shàng guǎng fàn shǐ yòng
车，并在世界上广泛使用。

nián yǐ lái gè guó dōu dà lì fā zhǎn gāo sù liè
2010年以来，各国都大力发展高速列

chē lì rú fǎ guó bā lí zhì lǐ áng de gāo sù liè chē shí sù
车，例如法国巴黎至里昂的高速列车，时速
dá qiān mǐ rì běn dōng jīng zhì shèng gāng de gāo sù liè
达300千米；日本东京至盛冈的高速列
chē yě dá dào qiān mǐ yǐ shàng rén men duì zhè yàng de
车也达到250千米以上。人们对这样的
gāo sù liè chē réng bù mǎn zú fǎ guó dé guó děng guó shǒu
高速列车仍不满足。法国、德国等国首
xiān kāi fā le cí xuán fú liè chē zhōng guó yě zài shàng hǎi
先开发了磁悬浮列车。中国也在上海
xiū jiàn le shì jiè shàng dì yī tiáo shāng yòng cí xuán fú liè
修建了世界上第一条商用磁悬浮列
chē xiàn zhè zhǒng liè chē xuán fú yú guǐ dào zhī shàng zuì
车线。这种列车悬浮于轨道之上，最
gāo shí sù kě dá qiān mǐ
高时速可达400～500千米。

rén lèi duì cǐ réng bù mǎn zú bǐ rú zhōng guó zhèng zài
人类对此仍不满足，比如中国正在
yán fā zhēn kōng guǎn dào cí xuán fú jì shù shí sù kě dá
研发真空管道磁悬浮技术，时速可达
qiān mǐ néng hào bù dào háng kōng kè jī de zào
4 000千米，能耗不到航空客机的1/10，噪
shēng hé fèi qì wū rǎn jí shì gù lǜ jiē jìn yú líng zuò wéi xīn
声和废气污染及事故率接近于零。作为新
yī dài cí xuán fú liè chē zhēn kōng guǎn dào cí xuán fú liè
一代磁悬浮列车，真空管道磁悬浮列
chē jiāng bǎ běi jīng yǔ huá shèng dùn nà rù liǎng xiǎo shí jiāo
车将把北京与华盛顿纳入两小时交
tōng quān yòng shù xiǎo shí wán chéng huán qiú lǚ xíng yǐ jīng
通圈，用数小时完成环球旅行已经
chéng wéi kē xué jiā nǔ lì de mù biāo
成为科学家努力的目标。

zī liào lái yuán bǎi dù bǎi kē
（资料来源：百度百科）

gēn jù wén zhāng huí dá wèn tí
根据文章回答问题

zhēng qì jī chē de quē diǎn shì shén me
1. 蒸汽机车的缺点是什么？

huǒ chē de fā zhǎn jīng lì le nǎ xiē biàn huà
2. 火车的发展经历了哪些变化？

kē xué jiā men duì huǒ chē de wèi lái yǒu shén me mù biāo
3. 科学家们对火车的未来有什么目标？

课文四 拓展阅读 2

zhōng guó gāo tiě xīn chéng yuán —— fù xīng hào
中国高铁新成员——复兴号

yǐ wǎng zhōng guó gāo tiě liè chē dōu jiào hé xié hào xiàn zài zhōng guó gāo tiě dà jiā tíng yòu jiā rù le yī gè xīn chéng yuán —— fù xīng hào fù xīng hào shì shuí
以往中国高铁列车都叫“和谐号”，现在中国高铁大家庭又加入了一个新成员——“复兴号”。“复兴号”是谁？

tā shì yóu zhōng guó tiě lù zǒng gōng sī qiān tóu zǔ zhī yán zhì de jù yǒu wán quán zì zhǔ zhī shí chǎn quán de zhōng guó biāo zhǔn dòng chē zǔ
它是由中国铁路总公司牵头组织研制的具有完全自主知识产权的中国标准动车组。

shén me shì zhōng guó biāo zhǔn dòng chē zǔ wèi shén me
什么是中国标准动车组？为什么

yǒu le hé xié hào hái yào yǒu gè fù xīng hào zhè jiù bù dé
有了和谐号还要有个“复兴号”？这就不得
bù huí gù yī xià zhōng guó gāo tiě de dàn shēng gù shì le
不回顾一下中国高铁的诞生故事了。

zhòng suǒ zhōu zhī zhōng guó gāo tiě dāng chū cóng ōu
众所周知，中国高铁当初从欧
zhōu rì běn yǐn jìn le sì zhǒng bù tóng de jì shù píng tái
洲、日本引进了四种不同的技术平台，
zhè xiē chē xíng jì shù lù jìng bù tóng shǐ wǒ men dé yǐ zài
这些车型技术路径不同，使我们得以在
zuì duǎn de shí jiān jí gè jiā zhī cháng zào chū le zhōng guó
最短的时间集各家之长，造出了中国
zì jǐ de gāo tiě dàn shì wèn tí yě lái le zhè xiē chē bù
自己的高铁，但是问题也来了！这些车不
néng hù lián hù tōng zhè xiē jì shù píng tái de biāo zhǔn
能“互联互通”，这些技术平台的标准
xì tǒng bù tǒng yī bù jǐn sī jī de cāo zuò tái bù yī yàng
系统不统一，不仅司机的操作台不一样，
lián chē xiāng lǐ de dìng yuán zuò wèi dōu bù yī yàng wú fǎ
连车厢里的定员座位都不一样，无法
xiāng hù tì dài yī dàn mǒu jié chē chū xiàn gù zhàng xū yào
相互替代。一旦某节车出现故障，需要
zǔ zhī chéng kè huàn chéng lín shí diào lái de chē hěn kě néng
组织乘客换乘，临时调来的车很可能
yào me guà bù shàng yào me quē zuò wèi
要么“挂不上”，要么“缺座位”。

lìng wài yīn wèi chē xíng biāo zhǔn bù tǒng yī měi zhǒng
另外，因为车型标准不统一，每种
chē dōu xū yào yǒu bèi yòng chē tíng zài chē zhàn yìng jí
车都需要有备用车停在车站应急，
dòng chē jiǎn xiū de chē jiān yě yào bǎ zhǒng chē de líng
动车检修的车间也要把4种车的零
bù jiàn quán pèi bèi shèn zhì gāo tiě sī jī yě yào bǎ gè
部件全配备，甚至高铁司机也要把各

zhǒng chē xíng dōu xué xí yī biàn
种车型都学习一遍。

wèi le dǎ zào shì hé zhōng guó guó qíng lù qíng de gāo
为了打造适合中国国情、路情的高
sù dòng chē zǔ shè jì zhì zào píng tái shí xiàn zhōng guó
速动车组设计制造平台，实现中国
gāo sù tiě lù dòng chē zǔ zì zhǔ huà biāo zhǔn huà hé xì
高速铁路动车组自主化、标准化和系
liè huà zì nián kāi shǐ zhōng guó tiě lù zǒng gōng sī
列化，自2012年开始，中国铁路总公司
jiù kāi shǐ le zhōng guó biāo zhǔn dòng chē zǔ shè jì yán zhì
就开始了中国标准动车组设计研制
gōng zuò
工作。

zhōng guó biāo zhǔn dòng chē zǔ de zhōng guó jiù yì
中国标准动车组的“中国”，就意
wèi zhe gāo tiě cóng zuì zǎo de yáng jī yīn hún xuè
味着高铁从最早的“洋基因”“混血”，
yóu nèi ér wài wán quán shì chún zhōng guó le tè bié shì
由内而外完全是“纯中国”了，特别是
ruǎn jiàn quán bù zì zhǔ kāi fā zài gāo sù dòng chē zǔ
软件全部自主开发。在高速动车组254
xiàng zhòng yào biāo zhǔn zhōng zhōng guó biāo zhǔn zhàn
项重要标准中，中国标准占84%。
zhōng guó biāo zhǔn dòng chē zǔ zhěng tǐ shè jì yǐ jí chē
中国标准动车组整体设计以及车
tǐ zhuǎn xiàng jià qiān yǐn zhì dòng wǎng luò děng guān
体、转向架、牵引、制动、网络等关
jiàn jì shù dōu shì wǒ guó zì zhǔ yán fā jù yǒu wán quán zì
键技术都是我国自主研发，具有完全自
zhǔ zhī shí chǎn quán
主知识产权。

zhōng guó biāo zhǔn dòng chē zǔ de biāo zhǔn yì wèi
中国标准动车组的“标准”，意味

zhe jīn hòu suǒ yǒu gāo tiě liè chē zhī yào sù dù děng jí xiāng
着今后所有高铁列车，只要速度等级相

tóng bù guǎn nǎ gè gōng chǎng chū pǐn bù guǎn shì nǎ gè
同，不管哪个工厂出品，不管是哪个

píng tái chū pǐn dōu néng lián guà yùn yíng bù tóng sù dù
平台出品，都能连挂运营，不同速度

děng jí de chē yě néng xiāng hù jiù yuán
等级的车也能相互救援。

nà me yǔ hé xié hào xiāng bǐ fù xīng hào yǒu shén
那么与“和谐号”相比，“复兴号”有什

me bù yī yàng de dì fāng ne
么不一样的地方呢？

dì yī shòu mìng gèng cháng wèi shì yìng zhōng guó
第一，“寿命”更长！为适应中国

dì yù guǎng kuò wēn dù héng kuà zhèng fù cháng jù
地域广阔、温度横跨正负 40 °C、长距

lí gāo qiáng dù děng yùn xíng xū qiú fù xīng hào jìn xíng
离、高强度等运行需求，“复兴号”进行

le wàn qiān mǐ yùn yòng kǎo hé bǐ ōu zhōu biāo zhǔn hái
了 60 万千米运用考核，比欧洲标准还

duō le wàn qiān mǐ zuì zhōng zhěng chē xìng néng zhǐ biāo
多了 20 万千米。最终，整车性能指标

shí xiàn jiào dà tí shēng fù xīng hào de shè jì shòu mìng
实现较大提升，“复兴号”的设计寿命

dá dào le nián ér hé xié hào shì nián
达到了 30 年，而“和谐号”是 20 年。

dì èr shēn cái gèng hǎo cǎi yòng quán xīn dī zǔ
第二，“身材”更好！采用全新低阻

lì liú xiàn xíng tóu xíng hé chē tǐ píng shùn huà shè jì chē
力流线型头型和车体平顺化设计，车

xíng kàn qǐ lái xiàn tiáo gèng yōu yǎ pǎo qǐ lái yě gèng jié
型看起来线条更优雅，跑起来也更节

néng zuò guò hé xié hào de péng yǒu dōu huì fā xiàn
能。坐过“和谐号”的朋友都会发现，

dòng chē zǔ chē dǐng yǒu gè gǔ bāo nà qí shí shì shòu
动车组车顶有个“鼓包”，那其实是受
diàn gōng hé kōng tiáo xì tǒng ér fù xīng hào bǎ zhè gè
电弓和空调系统。而“复兴号”把这个
gǔ bāo xià chén dào le chē dǐng xià de fēng dào xì tǒng
“鼓包”下沉到了车顶下的风道系统
zhōng shǐ liè chē bù jǐn kàn qǐ lái gèng měi liè chē zǔ lì bǐ
中，使列车不仅看起来更美，列车阻力比
jì yǒu xì liè jiàng dī liè chē zài
既有 CRH380 系列降低 7.5% ~ 12.3%，列车在 350
qiān mǐ shí sù xià yùn xíng rén jūn bǎi qiān mǐ néng hào xià
千米时速下运行，人均百千米能耗下
jiàng zuǒ yòu
降 17% 左右。

dì sān róng liàng gèng dà dēng chē hòu lǚ kè huì
第三，“容量”更大！登车后，旅客会
jīng yì yú fù xīng hào kōng jiān gèng dà yīn wèi liè chē gāo
惊异于“复兴号”空间更大，因为列车高
dù cóng háo mǐ zēng gāo dào le háo mǐ ér qiě yǒu
度从 3 700 毫米增高到了 4 050 毫米，而且有
xīn de chéng kè hái huì fā xiàn zuò wèi jiān jù gèng kuān chǎng
心的乘客还会发现，座位间距更宽敞。

dì sì shū shì dù gèng gāo fù xīng hào kōng tiáo
第四，舒适度更高！“复兴号”空调
xì tǒng chōng fèn kǎo lǜ jiǎn xiǎo chē wài yā lì bō de yǐng
系统充分考虑减小车外压力波的影
xiǎng zài liè chē tōng guò suì dào huò jiāo huì shí jiǎn xiǎo ěr
响，在列车通过隧道或交会时减小耳
bù bù shì gǎn liè chē shè yǒu duō zhǒng zhào míng kòng zhì
部不适感；列车设有多种照明控制
mó shì kě gēn jù lǚ kè xū qiú tí gōng bù tóng de guāng xiàn
模式，可根据旅客需求提供不同的光线
huán jìng dāng rán gèng zhí dé xīn xǐ de shì chē xiāng nèi shí
环境。当然更值得欣喜的是，车厢内实

xiàn le wǎng luò quán fù gài
现了 WiFi 网络全覆盖。

dì wǔ jǐng tì xìng gèng gāo fù xīng hào
第五，“警惕性”更高！“复兴号”
shè zhì zhì néng huà gǎn zhī xì tǒng jiàn lì qiáng dà de ān
设置智能化感知系统，建立强大的安
quán jiān cè xì tǒng quán chē bù shǔ le yú xiàng jiān cè
全监测系统，全车部署了 2 500 余项监测
diǎn bǐ yǐ wǎng jiān cè diǎn zuì duō de chē xíng hái duō chū
点，比以往监测点最多的车型还多出
yuē gè néng gòu duì zǒu xíng bù zhuàng tài zhóu chéng
约 500 个，能够对走行部状态、轴承
wēn dù lěng què xì tǒng wēn dù zhì dòng xì tǒng zhuàng tài
温度、冷却系统温度、制动系统状态、
kè shì huán jìng jìn xíng quán fāng wèi shí shí jiān cè cǎi jí gè
客室环境进行全方位实时监测，采集各
zhǒng chē liàng zhuàng tài xìn xī yú xiàng wèi quán fāng
种车辆状态信息 1 500 余项，为全方
wèi duō wéi dù gù zhàng zhěn duàn wéi xiū tí gōng zhī chí
位、多维度故障诊断、维修提供支持。
liè chē chū xiàn yì cháng shí kě zì dòng bào jǐng huò yù jǐng
列车出现异常时，可自动报警或预警，
bìng néng gēn jù ān quán cè lüè zì dòng cǎi qǔ xiàn sù huò
并能根据安全策略自动采取限速或
tíng chē cuò shī zài chē tóu bù hé chē xiāng lián jiē chù hái
停车措施。在车头部和车厢连接处，还
zēng shè pèng zhuàng xī néng zhuāng zhì zài dī sù yùn xíng
增设碰撞吸能装置，在低速运行
zhōng chū xiàn yì wài pèng zhuàng shí kě tōng guò zhuāng zhì
中出现意外碰撞时，可通过装置
biàn xíng tí gāo dòng chē zǔ bèi dòng fáng hù néng lì
变形，提高动车组被动防护能力。

jù yǒu wán quán zì zhǔ zhī shí chǎn quán de zhōng guó
“具有完全自主知识产权的中国

biāo zhǔn dòng chē zǔ jiāng zài yìn ní gāo tiě xiàng mù zhōng shǐ
标准动车组将在印尼高铁项目中使
yòng fù xīng hào yě jiāng shì zhōng guó gāo tiě zǒu chū qù de
用，'复兴号'也将是中国高铁走出去的
zhǔ lì jūn zhōng guó tiě lù zǒng gōng sī zǒng gōng chéng
'主力军'。" 中国铁路总公司总工程
shī zhōng guó gōng chéng yuàn yuàn shì hé huá wǔ rú cǐ shuō
师、中国工程院院士何华武如此说。

zī liào lái yuán rén mín rì bào yǒu shān
（资料来源：《人民日报》，2017-06-25，有删
gǎi
改）